AF369501

CAPITAINE H. CHOPPIN

L'Équitation militaire

AU XVIIIᵉ SIÈCLE

L'ENSEIGNEMENT DU LIEUTENANT-COLONEL D'AUVERGNE

D'APRÈS DES DOCUMENTS INÉDITS

AVEC 10 GRAVURES

LIBRAIRIE MILITAIRE BERGER-LEVRAULT & Cⁱᵉ

Éditeurs de la « Revue de Cavalerie »

PARIS | NANCY
5, RUE DES BEAUX-ARTS, 5 | 18, RUE DES GLACIS, 18

1902

L'ÉQUITATION MILITAIRE

AU XVIIIe SIÈCLE

Capitaine H. CHOPPIN

L'Équitation militaire

AU XVIIIe SIÈCLE

L'ENSEIGNEMENT DU LIEUTENANT-COLONEL D'AUVERGNE

D'APRÈS DES DOCUMENTS INÉDITS

AVEC 10 GRAVURES

LIBRAIRIE MILITAIRE BERGER-LEVRAULT & Cⁱᵉ

Éditeurs de la « Revue de Cavalerie »

PARIS | NANCY
5, RUE DES BEAUX-ARTS, 5 | 18, RUE DES GLACIS, 18

1902

AVANT-PROPOS

I l'art de la guerre et celui de l'équitation se doivent un mutuel appui, il est intéressant de prendre dans leur histoire les leçons qui permettent d'expliquer les causes de certains succès ou revers pour en tirer un enseignement en vue du présent, de l'avenir. C'est ce qui a engagé à publier cette étude sur l'équitation militaire au xviiiᵉ siècle, afin de bien faire ressortir l'antagonisme qui existait, alors, entre les maîtres, l'École de Versailles et les officiers généraux voulant soustraire l'armée aux lisières de méthodes savantes, peu en rapport avec l'instruction des troupes à cheval.

Les mémoires inédits, qui forment le recueil que l'on présente au public, ont été empruntés à un volumineux dossier de pièces manuscrites de la bibliothèque du Ministère de la guerre. Toutes se rapportent à l'équitation militaire au xviiie siècle, marquent, de ses véritables traits, le mouvement qui s'est alors hautement manifesté contre l'enseignement équestre professé dans les manèges, où les méthodes des grands maîtres avaient assuré à l'École de Versailles une supériorité incontestée.

Les causes de cette opposition sont indiquées dans le *Traité sur la cavalerie*, du comte Drummond de Melfort, au chapitre sur l'*Équitation* :

Il serait avantageux que tous les officiers et cavaliers fussent d'excellents écuyers. Mais, comme il serait à craindre qu'en voulant pousser trop loin la théorie des principes d'équitation, la véritable instruction militaire, qui seule peut donner la clef des grandes manœuvres, si nécessaire pour gagner des batailles, n'en fût infiniment retardée, on établira comme un principe, duquel tout homme qui a de la cavalerie à former ne doit jamais s'écarter, que tout cavalier qui aura étudié quatre mois sous un bon instructeur, doit, sans hésiter, être placé dans un escadron ; sans quoi, la cavalerie ne sera jamais en totalité en état d'exécuter ces espèces de mouvements qui, par leur ensemble et leur rapidité, peuvent, dans l'occasion, décider du succès.

L'objet principal des manèges, propres à l'instruction de la cavalerie pendant la paix, doit être de rendre le cavalier maître de son cheval et le cheval obéissant aux volontés de son maître. Il faut se contenter de débourrer les hommes et les chevaux dans les manèges et les mener ensuite, le plus tôt possible, sur un terrain d'exercice où des officiers sages les mettront bientôt en état d'exécuter en troupe tout ce qu'on sera dans le cas de leur demander.

Quant aux écoles d'équitation, l'ancien mestre de camp d'*Orléans-Cavalerie* se montre peu partisan de leur multiplicité.

Autant je crois utile qu'il y ait une École d'équitation où tous les régiments de cavalerie et de dragons enverraient puiser les mêmes principes, autant je pense qu'il serait dangereux d'en établir un plus grand nombre, par l'inconvénient énorme qu'il y aurait à en confier la conduite à différents hommes de chevaux qui, quoique aussi habiles les uns que les autres, pourraient cependant former leurs élèves sur des principes différents, variété si contraire au bien de la chose, qu'il ne faut pas être militaire pour en sentir la conséquence.

Si l'on a fait appel à l'autorité du comte Drummond de Melfort, c'est que cet inspecteur des troupes légères est considéré comme le premier officier général qui ait préconisé, sur les instances du maréchal de Saxe, les réformes à introduire dans les différentes branches de l'instruction et des services de la cavalerie, et qu'on le regarde, encore de nos jours, comme le vrai promoteur de l'équitation militaire dans les troupes du roi, vers le milieu du xviiie siècle.

C'est à partir de cette époque que l'on a demandé des principes très simples, afin de permettre au cavalier d'avoir une position aisée, de porter son cheval en avant, de l'arrêter quand il voudrait, de le faire reculer, tourner à droite, à gauche, aller au pas, au trot, au galop, de le rendre habile, en un mot, à conduire sa monture dans toutes les directions et à toutes les allures.

Les recherches que l'on a faites ont prouvé que les officiers très distingués, chargés d'élaborer les règlements sur les exercices, évolutions et manœuvres de la cavalerie, se sont tous inspirés des méthodes mises en pratique par Drummond de Melfort, Mottin de la Balme, de Lubersac, Montfaucon de Rogles, d'Auvergne, de Bohan, Dupaty de Clam, de Boisdeffre.

Aussi, a-t-on pensé que l'on prendrait quelque intérêt à la lecture de mémoires inédits, rédigés par l'écuyer militaire le plus célèbre de cette époque, M. d'Auvergne, dont on ne connaît l'enseignement que par les *Principes d'équitation*, livre dans lequel un de ses élèves a résumé ses leçons avec beaucoup de clarté.

Le colonel d'Auvergne est aussi connu par les appréciations de M. de Bohan. Mais on ne saurait trop se féliciter d'avoir trouvé des documents inédits, dans les trésors des archives de la guerre, pour le mieux faire connaître.

En rendant hommage à la mémoire des maîtres qui ont honoré l'art de l'équitation française, comme Pluvinel, La Guérinière, de Nestier, de Salvert, d'Abzac, de Briges, de la Bigne, de tant d'autres représentants de l'École de Versailles, on ne peut s'empêcher de reporter aussi son attention sur quelques écuyers qui ont mis leur expérience et leur savoir au service de l'instruction de la cavalerie, afin d'arriver, par la simplicité de leurs démonstrations, à mettre l'arme en état d'être à hauteur de toutes les missions qu'elle aura à remplir en campagne.

Aujourd'hui, avec le service restreint, l'instruction du cavalier a besoin d'être vigoureusement poussée, ce qui permet d'appliquer à notre époque ce passage d'une des premières pages des *Principes de cavalerie,* du chevalier de Boisdeffre :

L'opinion générale est qu'il ne faut point faire d'un cavalier un écuyer, et l'on a raison : soit que l'on attache à cette qualité d'écuyer un talent supérieur, impossible à acquérir dans la cavalerie ; soit que l'on ne considère dans les avantages de cet exercice que l'art d'exécuter de brillantes inutilités.

Dans le travail que l'on entreprend, à l'aide de documents inédits, on cherchera à justifier cette boutade de M. le marquis de Castries, mestre de camp général de la cavalerie, qui, avec M. le marquis d'Autichamp, n'a cessé de chercher à délivrer l'arme du fardeau de la routine et des préjugés sous lequel elle étouffait :

Depuis l'année 1635, première époque où les compagnies de chevau-légers ont été enrégimentées, la cavalerie a constamment éprouvé des changements qui ont suspendu ses progrès dans tous les genres. Car, on ne peut se dissimuler que, jusqu'en 1762, le Roi avait bien des hommes et des chevaux, mais n'avait point de cavalerie.

De l'ensemble des documents contenus dans les pièces consultées au Ministère de la guerre, il ressort que le maître, chargé de l'équitation à l'École militaire, était aussi opposé aux méthodes en honneur à l'École de Versailles qu'aux systèmes importés d'Angleterre, alors fort à la mode à la cour et prenant droit de cité sur les champs de courses.

Mais, pour faire comprendre l'importance, l'opportunité des principes du colonel d'Auvergne, il est nécessaire de jeter un coup d'œil en arrière pour mieux faire connaître le véritable enseignement de l'équitation à l'époque où s'est produite, dans les troupes à cheval, la réaction dont il va être parlé.

Si l'on s'en rapportait à Montaigne, on ne pourrait pas dire, comme on l'a fait souvent, que l'art de la guerre et celui de l'équi-

tation se doivent réciproquement de grands avantages. Voici, en
effet, ce qu'on lit dans les *Essais,* au chapitre des *Destriers :*

Je n'estime point qu'en suffisance et en grâce à cheval, nulle nation
nous emporte. Bon homme de cheval, à l'usage de notre parler, semble
plus regarder au courage qu'à l'adresse. Le plus savant, le plus seur,
le mieux advenant à mener un cheval à raison, qu' j'aye vu, feut, à
mon gré, M. de Carnavalet, qui servoit notre roy Henry second. J'ay
vu homme donner carrière à deux pieds sur sa selle et, au retour, la
relever, reuccommoder et s'y rançoir, fuyant toujours à bride avallée ;
ayant passé par-dessus un bonnet, y tirer par derrière de bons coups
de son arc, amasser ce qu'il vouloit, se ietant d'un pied à terre, tenant
l'aultre en l'estrier et autres pareilles singeries de quoi il vivoit.

Ces exercices de voltige pouvaient être en grand honneur à une
époque où l'École italienne n'avait
pas encore fondé, à Naples, des académies que la noblesse de France fré-
quentait pour y prendre des leçons
du célèbre Pignatelli, dont les élèves
les plus remarquables furent Salomon
de La Broüe et Saint-Antoine. Ces
deux écuyers introduisirent dans le
royaume des méthodes que Pluvinel
allait bientôt perfectionner, ce qui a
fait dire à Menou de Charnizay, un
de ses disciples :

XVIIe SIÈCLE

Il establit de si bonnes escholes, qu'au
lieu que nous allions chercher cet art en Italie, nous le trouvons
aujourd'hui en France, plus parfait qu'au pays même de son origine.

Tous les chevaux destinés aux princes, aux grands seigneurs,
même aux simples gentilshommes, étaient alors dressés aux *airs
relevés.* On appelait ainsi différents *sauts,* que l'on apprenait au
cheval à exécuter à l'indication du cavalier. Les courbettes, le
mézair, les ballottades, les caprioles, etc., furent longtemps en
grand honneur. L'équitation militaire se ressentit de ces principes ;
la leçon des passades de trois temps était considérée comme la
plus belle, la plus difficile, la plus juste de toutes.

Ce système n'avait pas l'heur de plaire aux capitaines qui avaient fortement chevauché pendant les guerres de religion, combattu à Coutras et à Fontaine-Française.

Voici ce qu'on lit dans les Mémoires de M. Gaspard de Saulx, maréchal de Tavannes, annotés par son fils Guillaume :

Les charges de maintenant se font au trot, les six voltes sont nécessaires comme anciennement pour les combats de lance. Un soldat peut dresser son cheval, parer et tourner à toute manière. Les courbettes relevées renversent les chevaux aux charges, leur égarent les bouches ; les emboucheurs se connoissent par expérience. L'art d'escuyer, comme les autres, pipe les hommes. Un écolier et un cheval peuvent se dresser en trois mois pour la guerre, le reste est superflu, si ce n'est pour les cavaliers combattant en duels. Les Roys et Républiques ne doivent laisser perdre tems à la jeunesse qui dépense des années aux choses inutiles, non étant sous la main en plusieurs autres. Ils ont inventé des langueurs, forgé des mots obscurs et des observations difficiles et inutiles pour tirer de l'argent des règlements ; d'un métier, on en a fait trois ou quatre.

Les ouvrages les plus remarquables qui parurent sur l'équitation, avant le règne de Louis XIV, sont : *La Cavalerie française,* par Salomon de La Broüe (1593); *Le Manège royal, où l'on peut remarquer le défaut et la perfection du chevalier en tous les exercices de cet art, fait et pratiqué en l'instruction du Roy,* par Pluvinel (1620).

Grâce à un système d'assouplissements outrés, dont il se servait avec beaucoup d'habileté, ce célèbre écuyer avait obtenu des résultats inconnus jusqu'alors. Sa devise était : *Robur et scientia.*

Sous Louis XIV, une cour brillante, une maison militaire nombreuse, les mœurs et les habitudes de Versailles, tout concourut à mettre l'équitation en honneur. C'est alors qu'eurent lieu les carrousels où le roi, les princes du sang, les grands seigneurs figuraient dans les quadrilles. Les courses des têtes et des bagues donnaient lieu à des joutes, dont on trouve les détails dans l'histoire, dans les mémoires du temps. L'instruction des troupes à cheval ne profitait guère de ces splendides exhibitions où le goût de la Renaissance pour les allégories mythologiques ou historiques se donnait libre carrière ; on cherchait à copier les coutumes des tournois.

En 1670, le sieur Delcampe, écuyer de la Grande Écurie, fit paraître le *Noble art de monter à cheval,* qui dénote l'importance que l'on attachait alors au dressage du cheval en vue de cette équitation de parade, dont les principes étaient donnés dans les manèges, où toute l'attention se portait sur les passades de la main à la main, les pirouettes, les demi-voltes en quatre temps, les croupades, les ballottades, etc. Un chapitre est consacré à la *Course de bague, rompre en lice et rompre au faquin.*

Cet exercice se fait le plus souvent pour donner plaisir aux dames, comme il est aussi le seul pour lequel elles donnent le prix, et ainsi pour leur plaire un chacun se sent emporter de gloire afin de les contenter, et on tâche de se rendre parfait en général et aimable pour quelques-unes en particulier.

Comme on s'occupera dans cette étude de la position du cavalier à cheval, on citera le chapitre de l'ouvrage qui a rapport à la *posture du bel homme de cheval.*

On remarque trois choses nécessaires à la parfaite posture du bel homme de cheval :

Premièrement, il doit estre très ferme ; secondement, il doit estre très vigoureux. En troisième lieu, il doit être très bien planté dans la selle, ou selon ce que disent quelques-uns, bien assis et bien placé dans la selle ; et lorsque le cheval sera en estat de manier, il le doit conduire sans changer de posture, sans bransler ou balancer le corps, ny de la main, ny les jambes, sans faire aucune action ou grimace, les espaules esgalement avancées, la teste haute et droite, la ceinture tant soit peu en avant, le corps en arrière, les jambes fermes et bien tendues, ny trop proches, ny trop esloignées du cheval, point de contrainte en aucune de ses actions, les aydes aussi délicates que prestes, la main douce et ferme, et qui ne soit pas trop avancée vers les oreilles du cheval, mais bien situées, assez proches le pômeau de la selle, le poing de la bride droit, la contenance grave et hardie : car on dit, ordinairement, que le cavalier doit paroistre un peu glorieux à cheval et fort humble à pied.

Encore qu'il ne possédast toutes ces perfections, il ne resteroit d'être bon homme à cheval, combien qu'il seroit à souhaiter qu'il les eust

toutes au degré que je viens de décrire ; car il y a différence à estre
bel homme de cheval ou estre bon homme de cheval ; comme il y a
aussi différence d'estre bon homme de cheval ou de bien scavoir l'art
d'emboucher les chevaux ; la différence de ce dernier paroist aussi en
ce que celuy qui les scait bien emboucher, n'est quelquefois pas capable de les dresser ; et celuy qui les scait bien dresser, n'est quelquefois pas capable de bien enseigner et donner la leçon avec un juge-
ment net et entier, et facilité à se bien exprimer et faire entendre ;
mais, s'il se rencontroit un homme qui possédast toutes les perfections
que je viens de dire, il se pourroit avec raison et justice nommer le
cavalier parfait.

Bientôt, les émotions de la chasse à courre commencèrent à
être préférées aux tranquilles parades du manège. Ce fut une
époque de transition qui amena, dans l'art de monter à cheval,
une sorte de conflit que l'on peut comparer à la lutte qui a existé,
plus tard, entre les partisans des allures cadencées de la haute
école et les fanatiques de l'équitation du dehors.

C'est alors que M. de La Guérinière, élève de M. de Vendeuil,
s'imposa comme le véritable chef de l'école française. Il recom-
mandait d'avoir des « aides secrètes », de façon que l'on ne vît
pas les mouvements de la main ou des jambes de l'homme. Il
élagua des assouplissements tout ce qui ne lui parut pas indispensable et demanda « des airs relevés », parce que, à son époque,
ils étaient encore en usage, mais il ne les considérait que comme
accessoires. Par son « piaffer, commencé entre deux pilliers », il
arrivait à asseoir ses chevaux auxquels il demandait ensuite le
« piaffer en dehors des pilliers ». Il leur enseignait alors à se caden-
cer au « passage ». Cette allure artificielle se pratiquait en maintenant
l'arrière-main très engagée et en avançant seulement de quelques
pouces à chaque temps, les membres de l'animal se ployant gra-
cieusement en rond. Le « passage », ainsi compris et exécuté,
contribuait à donner au cheval l'habitude du « rassembler », allure
favorable au dressage, très douce pour le cavalier, ne ressemblant
en rien à celle que l'on cherche aujourd'hui à obtenir dans les
manèges. Il grandissait aussi ses chevaux du devant, leur donnait,
en même temps, une justesse remarquable, permettant un grand
fini d'exécution.

Gravure tirée de l'*École de Cavalerie*, de M. DE LA GUÉRINIÈRE.

Dans la préface de l'*École de cavalerie,* publiée en 1712, il dit :

J'ai tout mis en usage pour réveiller cette ancienne émulation, qui régnait dans les beaux jours de la cavalerie. Et c'est dans cette vue que j'ai cherché à dévoiler des mystères, qui semblaient n'être réservés que pour un tout petit nombre de personnes. Comme si la vérité ne devait pas se répandre universellement et que la subtilité de cet art n'appartint absolument qu'à ceux qui se disent *enfants de la balle.*

Il faut l'avouer, à notre honte, l'amour du vrai beau de cet exercice s'est bien ralenti de nos jours. On se contente présentement d'une exécution un peu trop négligée, au lieu qu'autrefois on recherchait les beaux airs qui faisaient l'ornement de nos manèges et le brillant des revues, des parades.

Son dressage exigeait un travail délicat, une exquise finesse. Le cheval devenait, pour ainsi dire, un instrument de précision. On attachait une importance tellement excessive à la régularité de la position du cavalier que l'élève était soumis à un long apprentissage, pendant lequel on ne cessait de lui répéter que le cheval bien mis était une balance, dont les épaules et les hanches formaient les plateaux et le cavalier l'aiguille. Cette définition originale pouvait trouver de l'écho dans le manège, où la haute école formait la base principale de l'éducation des princes, des gentilshommes.

Malgré l'autorité de l'École de Versailles, illustrée par de La Broüe, Pluvinel, de La Guérinière, même par le marquis de Newcastle, qui, bien qu'Anglais, peut être considéré comme un de ses partisans les plus autorisés, les principes qu'on y professait soulevaient une vive opposition dans l'armée.

Dans les états-majors, on s'éleva contre l'enseignement dit académique pour préconiser une méthode simple, appelée à remplacer les « airs relevés », afin de donner au cheval de cavalerie des allures franches et étendues, à l'homme les moyens de le conduire avec adresse et sûreté. On demandait que les principes fussent démontrés par le maître d'une manière simple et intelligible.

Tous les écuyers militaires de cette époque s'attachent à la position du cavalier, cherchent à réduire la méthode à son expression la plus élémentaire, à mettre le système à la portée de tous.

Ils semblaient vouloir se conformer à cette définition, que l'on trouve dans un traité publié à la fin du xviiie siècle :

Cavalier, dans l'art militaire, est un soldat qui combat à cheval. Un bon cavalier est celui qui a bien soin de son cheval et de son équipage, qui se tient propre et observe exactement les ordres qu'on lui prescrit.

La guerre de 1740 à 1745, écrit Mirabeau dans le *Système militaire de la Prusse,* montra à Frédéric qu'une cavalerie lente est la plus pitoyable des armes et ne répond nullement à l'immensité des sommes qu'elle coûte. Il travailla donc à rendre la sienne leste, agile, véloce et, grâce à un homme rare, à Seydlitz, qui a vraiment changé la nature de cette arme, il y parvint, surtout après la paix de 1763, autant qu'il soit donné à l'imagination humaine de le concevoir. On peut assurer que Frédéric a fait davantage pour la cavalerie que pour l'infanterie. L'ordre, la précision et la promptitude dans les évolutions furent portés au plus haut degré. On les approfondit pour les simplifier et les rendre régulières.

Le goût spécial de Frédéric II pour la cavalerie est affirmé dans son testament où il est dit : « En guerre, une bonne cavalerie vous rend maître de la campagne. »

Après la guerre de la Succession d'Autriche, sur la demande du maréchal de Saxe, le comte Drummond de Melfort, s'inspirant des procédés adoptés avec succès en Prusse, fit paraître, en 1748, le premier règlement d'exercices sous le titre : *Essai sur la cavalerie légère.* D'après l'auteur, le meilleur cheval de service est celui qui a acquis le plus de force, de souplesse, de légèreté, de connaissances et répond avec promptitude, vigueur et sûreté aux demandes du cavalier qui le dresse.

A la suite des désastres de la guerre de Sept ans, M. le duc de Choiseul comprit que la cavalerie française n'était pas à hauteur de sa mission, qu'il était indispensable de la faire entrer dans une voie de progrès que les écoles seules pouvaient lui faire obtenir.

L'ordonnance du 21 août 1764 fonda cinq écoles d'équitation, qui furent établies à Douai, Metz, Besançon, La Flèche et Cambrai. Ces établissements devaient verser leurs meilleurs élèves dans une école supérieure qu'on créerait à Paris.

Dans une de ses inspections, le secrétaire d'État de la guerre reconnut que chacune des écoles avait une manière particulière d'enseignement, qu'il importait de ramener à l'uniformité. Il fit appeler, à Paris, les meilleurs élèves de chacune d'elles, afin qu'une commission, composée d'inspecteurs et de mestres de camp de cavalerie, décida, sous sa présidence, celle dont les principes devaient être adoptés.

Lorsqu'il se rendit à La Flèche pour juger des travaux de l'école des carabiniers, M. le marquis de Poyanne lui rendit compte de la situation avantageuse de la ville de Saumur, tant pour ses environs que par sa situation sur la Loire. Des ordres furent donnés immédiatement pour qu'on y construisît un manège couvert de 240 pieds de longueur sur 46 1/2 de largeur. Le ministre approuva ensuite les plans, devis et dépenses pour la somme de 33,000 # à prendre sur la caisse militaire.

En 1767, l'école de La Flèche était transférée à Saumur.

Le régiment des carabiniers, formé en 1693, avait été, par ordonnance du 6 novembre 1756, organisé en cinq brigades et six escadrons. Donné, en 1758, au comte de Provence, il avait pris rang à la suite de la Maison du Roi parmi les troupes des Fils de France. Les officiers et les soldats devaient être recrutés à tour de rôle dans tous les régiments, qui se voyaient enlever, ainsi, leurs hommes les plus beaux, les plus solides. Le nombre des grades y était multiplié au delà des besoins du service. On n'y comptait pas moins de cinq mestres de camp ; le reste de l'état-major était en proportion.

La composition de ce régiment explique comme quoi, à défaut d'écuyers attitrés, l'enseignement équestre de l'école de Saumur a été confié aux officiers de ce corps d'élite jusqu'à la fermeture de cet établissement en 1788. Les carabiniers ont alors quitté Saumur pour Lunéville.

Les systèmes adoptés dans les différentes écoles avaient effectivement apporté une grande perturbation dans l'enseignement. On en trouve la preuve dans des observations de M. de Castries, sur l'instruction de la cavalerie, dont on ne donnera que le préambule :

Les vues de M. le duc de Choiseul, dans l'institution des écoles d'équitation, n'ont point été bornées au seul objet de l'instruction particulière des cavaliers. Il s'est imposé d'ajouter à ce premier avantage celui supérieur d'un établissement de principes uniformes qui, passant des écoles à la troupe, puissent conduire successivement une aile de cavalerie au point de manœuvrer avec autant de précision et de vitesse qu'un escadron.

On ne doit point se dissimuler que, pour porter cette instruction au point de sa perfection, il eût fallu que la source de l'instruction fût unique et que la marche en fût guidée par des principes constants et des moyens d'exécution uniformes.

Si ces avantages ne se sont point rencontrés lors du premier établissement des écoles, c'est qu'il n'est pas dans la nature des choses qu'une constitution nouvelle puisse parvenir à sa perfection dans les premiers moments de sa formation. Mais les dernières dispositions, faites à ce sujet, doivent y conduire, si on veut y apporter quelques précautions que j'indiquerai au cours de ce mémoire.

C'est à la diversité des principes, que l'instruction de la cavalerie a suivis, qu'elle rapporte la lenteur de ses progrès, et c'est le principal moyen de défense qu'elle emploie pour se justifier de n'avoir pas autant profité qu'elle paraissait. C'est ce dont M. le duc de Choiseul pourra juger lui-même, suivant avec soin la marche que cette instruction a eue depuis la paix jusqu'à ce moment-ci.

A l'époque de la nouvelle formation, que la cavalerie reçut en 1763, on forma quatre écoles principales d'équitation. Trois furent mises sous l'autorité de M. de Montchenu et une sous celle de M. de Livron. Sur 31 régiments, dont la cavalerie est composée, 20 fournirent des détachements aux trois premières et les 11 autres en fournirent à la quatrième que M. de Livron commandait.

Pendant que ces quatre écoles se formaient, la plus grande partie des régiments s'industrièrent pour ne pas perdre l'espace de temps qu'on employait à former des maîtres, et ils se livrèrent, quoique sans moyen et par zèle, à la partie de l'équitation.

Ce premier travail, que le seul zèle a dirigé, a réussi dans quelques corps, parce que le hasard leur a procuré les moyens de travailler sur de bons principes, mais il a été irrégulier pour la plus grande partie, parce que sa marche n'a été guidée par aucune règle de l'art, ou, du moins, aucune adoptée généralement par tous les régiments.

A cette situation, qui a duré deux ans, a succédé l'envoi au corps de maîtres qui avaient été formés dans les quatre écoles générales. Le premier soin de ces maîtres aurait dû être non de détruire, comme la plupart l'ont fait, les premiers travaux auxquels leurs régiments s'étaient livrés, mais de les mettre à profit pour opérer plus vite et avec des moyens plus doux le rapprochement des nouveaux et anciens enseignements.

Quoi qu'il en soit, de la nécessité plus ou moins grande dans laquelle lesdits maîtres avaient été d'employer des moyens aussi violents, il n'en est pas moins constant que la perte de ces premiers travaux est regrettable, puisqu'on ne doit plus calculer l'instruction de la cavalerie que du 1er janvier de cette année, époque où les chefs d'équitation sont arrivés à leurs régiments. Ce n'est encore que pour le corps, dont les maîtres ont été instruits à l'école d'Angers, car, quant à ceux dont les chefs de l'équitation ont été formés aux écoles de Besançon, Metz et Douay, le travail qu'ils vont faire deviendra un jour inutile si le nouveau plan a son exécution.

Ce nouveau plan consiste à réunir en une seule les quatre écoles qui avaient été formées. Il a été ordonné, en même temps, à tous les corps d'y faire passer les sujets qui seraient estimés les plus propres à s'approfondir dans l'art de l'équitation, parce que, désormais, ce serait à eux de diriger les travaux des écoles particulières. Ainsi, la véritable instruction des régiments, dont les maîtres ont été formés par M. de Montchenu, ne commencera qu'en 1769, lorsque les écuyers de la seconde école auront complété leur instruction.

On doit voir, par les détails dans lesquels on vient d'entrer, que l'instruction de la cavalerie part de trois époques différentes. Dans la première, la cavalerie a travaillé sans maîtres et par le désir d'accélérer son instruction. Cette situation a duré jusqu'au 6 janvier 1767. Dans la seconde, 11 régiments sur 31 pourront travailler solidement et sans crainte de voir leurs travaux détruits, mais 20 doivent craindre de les voir anéantis par les écuyers de la seconde école qui auront reçu des principes différents. Cette situation, inquiétante pour eux, ne finira qu'en 1769, lorsque les nouveaux écuyers seront renvoyés à leurs corps. D'où il résulte que le premier travail a été inutile, que le second le sera en partie et que l'on ne connaîtra l'utilité du troisième que dans dix-huit mois au plus.

Alors il conviendra de prendre un autre parti. Mais voilà quelle a été la marche que l'instruction de la cavalerie a suivie et suivra depuis la paix. Donc il a été impossible à la cavalerie d'accélérer davantage son instruction ; si elle a été embarrassée par les changements qui y sont arrivés, la réunion actuelle va établir une uniformité qui doit conduire la cavalerie à un degré de perfection qu'aucune autre cavalerie de l'Europe ne pourra atteindre. Par malheur, cette époque se trouverait trop reculée si, pendant ce long intervalle, la guerre se déclarait, parce qu'il y aurait alors aussi peu d'ensemble dans les mouvements d'une aile de cavalerie qu'il y en a eu dans les guerres passées.

Cette situation paraîtrait donc exiger la nécessité de fournir des moyens, dans ce moment-ci, pour rapprocher tous les corps de principes généraux qui ont été fixés, attendu que, lorsque les nouveaux maîtres viendront s'emparer des écoles particulières, il leur arrivera de deux choses l'une : ou ils lutteront en vain pour faire recevoir leurs principes, ce qui contribuera à augmenter le schisme par les dissensions qui en résulteront, ou ils l'emporteront, ce qui ne pourra s'opérer qu'avec peine et encore plus certainement avec une perte de temps qui reculera d'autant le terme des travaux de l'équitation.

Plusieurs corps ont déjà expérimenté que ceux d'entre eux qui s'étaient exercés d'eux-mêmes, avaient pu difficilement se prêter aux nouveaux principes, qui contrariaient ceux qu'ils avaient suivis. Si cette première épreuve a essuyé des difficultés, et si les cavaliers ont vu impatiemment leurs premiers travaux détruits, combien il est à craindre qu'à la seconde le découragement et l'amortissement du zèle n'en soient le résultat ; on ne saurait donc apporter trop d'attention pour leur adoucir ce premier passage et la rendre la plus sensible qu'il se pourra.

Il est malheureux, sans doute, que ce soient les principes du plus petit nombre qui aient mérité la préférence. Quoi qu'il en soit, on ne doit plus penser actuellement qu'à fixer les moyens qui peuvent opérer le plus promptement l'unité des services.

L'ordonnance du Roi et l'instruction destinée à en donner l'intelligence étaient la règle naturelle à laquelle toutes les écoles eussent dû se rapporter. Mais, soit que l'une et l'autre aient été entendues différemment ou qu'on n'ait pas voulu s'y conformer, il est certain qu'il y a des différences sensibles dans les principes des deux écoles[1].

La place manque pour donner ce mémoire *in extenso*. Le passage que l'on a cité suffit pour montrer le chaos dans lequel se trouvait l'équitation régimentaire, lorsque M. de Choiseul, qui avait tout fait pour l'asseoir sur des principes uniformes, quitta le ministère.

On comprend l'importance que l'on doit attacher aux avis qui, alors, venaient des hommes les plus compétents pour permettre à la cavalerie de conformer son instruction sur des principes lui permettant d'évolutionner et de manœuvrer d'après des règles fixes, non suivant des méthodes multiples, qui portaient le plus grand préjudice à sa célérité pour exécuter les mouvements que le général pouvait lui prescrire sur le champ de bataille.

---

1. Archives historiques du Ministère de la guerre. Cavalerie.

En présence de la diversité des systèmes professés et de leurs inconvénients au point de vue de l'instruction générale de la cavalerie, le successeur du duc de Choiseul, M. le lieutenant-général marquis de Monteynard, réunit toutes les écoles en une seule, à Saumur, 1771. L'enseignement équestre fut confié, comme on l'a dit, aux officiers du corps des carabiniers, sous la haute direction de M. le marquis de Poyanne.

Cette nouvelle institution ne fut pas à l'abri des critiques d'écuyers militaires. Les Archives historiques du Ministère de la guerre sont riches en documents de ce genre.

En voici un qui a attiré l'attention :

18 août 1774.

Dans les voyages que je viens de faire en Angleterre, en Hollande, j'ai vu manœuvrer la cavalerie. J'ai vu également manœuvrer celle de France. J'y ai vu les mêmes défauts. Par les conversations que j'ai eues avec des capitaines de cavalerie et des majors, j'ai remarqué les mêmes choses, c'est-à-dire que la plus grande partie des chevaux sortent difficilement des rangs ; plusieurs se défendent, beaucoup sont inquiets au maniement des armes et tournent de la tête à la queue au feu, ce qui fait que les jours de manœuvres plusieurs cavaliers sont souvent renversés et exposés à être écrasés. Plusieurs officiers m'ont assuré qu'il n'y avait point de manœuvres sans de pareils accidents et que le roi de Prusse disait qu'on ne faisait point d'omelettes sans casser des œufs. Je réponds à cela : Qui peut le plus, peut le moins, et je prouve, avec certitude, que toutes les fois qu'un cavalier est maître d'un cheval en tout point, qu'il manœuvre bien mieux, puisqu'il est sans inquiétude ni embarras. Si le cheval est obéissant, bien formé au feu, quel avantage le cavalier n'a-t-il pas le jour d'une bataille ? Qui, mieux que vous, Monseigneur, peut en juger ?

Je ne me prononcerai pas sur la manière dont on doit poser un cavalier, mais de la manière dont on l'exigera. Je suis sûr de le former en trois mois, ainsi que son cheval. Je veux dire, par là, que je donnerai les moyens de former un cavalier de recrue, ainsi qu'un jeune cheval, dans l'espace de trois mois, et de le mettre en état de faire des manœuvres de guerre, telles qu'on l'exigera. Je me garderai bien, Monseigneur, de faire des cavaliers des écuyers et de chevaux de cavaliers des chevaux de manège. Mes principes sont simples ; ils n'exigent aucuns établissements considérables, qui sont toujours onéreux au roi et à l'État. Le cavalier sera placé de bonne grâce, en force, mènera son cheval de la main gauche pour pouvoir se servir de ses armes de la main droite, portera son cheval à droite, à gauche, le tournera à droite, à gauche, le remettra, l'avancera, le sortira des rangs sans humeur, sans difficulté, au pas, au trot, le mettra aisément au galop et l'arrêtera de même. Le cheval connaîtra les jambes, l'effet des deux rênes, sera formé au maniement des armes et immuable au feu. La cavalerie numide, ainsi que celle d'Espagne, ne doivent leur grande réputation qu'à la légèreté, la docilité et la souplesse de leurs chevaux. Les Africains couchent sous la tente avec leurs chevaux. Les cavaliers espagnols sont presque toujours avec leurs chevaux. Ces animaux connaissent et entendent la voix de l'homme. Je ne peux trop vous dire, Monseigneur, combien cela est avantageux. Mais il faut partir d'où l'on est. L'espèce de chevaux de la cavalerie française n'est pas faite pour manier, puisque c'est l'espèce de chevaux de carrosse. Quel est l'homme de cheval qui choisirait un cheval de carrosse pour faire monter ? Le cavalier est un paysan qui n'est point assoupli, n'ayant jamais été occupé qu'aux gros travaux. Aussi, est-il assuré qu'on a dégoûté la plupart des cavaliers et l'on en a même beaucoup estropié. Et les chevaux se sont trouvés écrasés au point que si la guerre était survenue, peu auraient été en état d'entrer en campagne. En ne demandant au cavalier que ce qui lui est nécessaire et utile, en ne faisant faire au cheval que ce qu'il peut faire, l'un et l'autre donneront plus qu'on n'en exigera et sans humeur.

Mes principes sont bien simples. C'est d'après des exemples réitérés et, j'ose dire, d'après la nature que j'ai étudiée et que j'étudie depuis longtemps. Avec de la patience et de la douceur, on vient à bout de tout. Par mes principes, le cavalier croit avoir formé son cheval et le cheval devient l'ami de l'homme et le suit comme un chien.

Je ne les détaille point ici, Monseigneur. Rien n'est plus difficile que d'écrire sur l'équitation. Mais j'ose vous assurer qu'en exécutant, je démontre tout ce que j'ai l'honneur de vous avancer. D'ailleurs, il n'en coûtera rien pour en faire l'essai où vous le voudrez. Il y a mieux, Monseigneur, c'est qu'après avoir réussi suivant vos désirs, je ne demande rien, trop heureux si j'ai pu être utile à mon Roi et à ma patrie. J'aurai l'honneur de vous observer, Monseigneur, que, bien loin d'écraser les chevaux, ils se trouveront bien conservés et en état de pouvoir rendre longtemps service.

J'ai l'honneur d'être connu de M. le marquis de Croissy, de Mme la marquise de Miantes, sa fille, de M. de Lançon, écuyer du Roi, aujourd'hui commandant de la grande écurie. J'ai l'honneur de l'être de bien des personnes de noms. Au surplus, Monseigneur, j'offre mes services au Roi et serais enchanté d'être sous vos ordres.

Je suis.....

Lomoy.

Aux Deux-Ponts, ce 18 août 1774.

Je suis, en ce moment, près de S. A. S. Mgr le duc des Deux-Ponts sans y être attaché.

Le mémoire annoncé n'est pas parvenu au ministre. En marge de cette lettre se trouve l'annotation suivante : « M. Lomoy propose ses services pour dresser les chevaux de la cavalerie. Mais comme il ne détaille point les moyens, il est inutile de communiquer cette proposition. »

On a pensé que ce document ne serait pas déplacé dans un aperçu rapide des controverses qui se sont produites au cours de la seconde moitié du xviiie siècle, alors que l'élément militaire protestait énergiquement contre les méthodes en honneur dans les manèges.

Si l'on sort des limites que l'on s'est tracées, c'est que l'on a pensé que les questions de détails avaient une grande importance dans l'instruction du régiment, qu'elles étaient non le corollaire forcé des institutions, mais les facteurs essentiels pouvant permettre d'asseoir sur des bases solides le monument militaire d'une nation. Le prince de Ligne a si bien compris cette vérité, qu'il a consacré les premières pages de ses *Fantaisies militaires* à ces problèmes d'organisation avant d'aborder ceux de la tactique et de l'ordre moral dans l'armée.

Puisqu'on fait appel à son autorité, on rappellera ce qu'il pensait des exclusifs « gens qui n'ont qu'un principe et ressemblent à ceux qui n'ont qu'une affaire ; ils sont insupportables ».

Voici quelle était son opinion sur le manège :

On ne considère pas assez qu'il y a deux personnes à traiter au manège. C'est celle qu'on appelle raisonnable si mal à propos qui se forme le plus difficilement. Avec la longe, on peut faire tout ce que l'on veut des chevaux. On ne saurait trop s'en servir. Il n'y a point de caprices, de vices même qui y tiennent. Il pourra rester des gaietés aux chevaux, c'est même très bon signe. J'aime les gens gais ; mais il n'y aura plus de méchancetés. Un paysan, raide pour le travail, a bien de la peine à suivre les mouvements qu'on lui indique. Il ne faut pas songer à l'instruire en même temps que le cheval. Il faut en donner un dressé à un cavalier qui ne l'est pas, et donner le cavalier qui l'est au cheval qui l'est moins. Il faut se méfier des écuyers qui, à force d'aides, gâtent l'homme et le cheval ; il faut leur apprendre à aller droit devant eux, à ne craindre rien dans le monde, à nager et à sauter. La barrière anglaise est ce qu'il y a de mieux.

Il n'est pas possible, non plus, d'approuver les passades, les têtes au mur et les replis tortueux qu'on impose à une partie du corps du cheval. Comme il n'y a presque jamais qu'une ligne perpendiculaire à décrire, c'est droit devant lui qu'il faut le placer. Si on ne craint point de faire de la dépense pour la remonte, j'aimerais mieux encore qu'on l'estropiât à sauter des fossés qu'au manège, et, si l'on n'appréhende pas de le fatiguer, j'aime encore mieux que ce soit à monter et descendre des montagnes au grand galop qu'à faire des pirouettes et des voltes sans fin.

Cette excursion dans les *Préjugés militaires* se comprendra en pensant que le prince de Ligne a tout fait pour rendre à la cavalerie la considération dont elle a joui pendant tant de siècles et la débarrasser de l'*ordre moutonnier* qui paralysait ses mouvements.

Il se plaisait à s'arrêter aux détails, qu'il considérait comme les rouages indispensables du bon fonctionnement de la machine militaire et, en cela, imitait le maréchal de Saxe.

Aussi, est-il nécessaire, à propos de l'équitation, qui fait l'objet principal de cette étude, de jeter un coup d'œil sur la constitution de la cavalerie à l'époque dont on s'occupe.

On a trouvé, aux Archives historiques du Ministère de la guerre [1], un mémoire très curieux portant la date de 1774. Il embrasse plusieurs questions qui, depuis, ont souvent été traitées sans avoir jamais eu une solution définitive. Des essais ont souvent été faits, réglementés, puis abandonnés pour adopter de nouvelles mesures que l'on croit, pour le moment, plus en rapport avec les besoins de la cavalerie, le rôle que lui imposent les changements périodiques de la tactique.

Cette page est à citer, parce qu'elle prouve que la période des tâtonnements a été de tous les temps.

Le procès-verbal des conférences tenues à Tours en 1881 ne paraît-il pas porter le cachet des idées émises dans le document que l'on publie ici?

Il n'est pas douteux que la force d'un escadron de cavalerie consiste à être le plus serré et le mieux aligné possible; il ne l'est pas moins qu'il ne peut avoir ces deux qualités avec la botte molle, parce que le cavalier qui, en manœuvrant, souffre de la douleur aux jambes, fait avancer et reculer continuellement son cheval, ce qui fait flotter l'esca-

---

1. *Organisation*. Cavalerie, 1701-1774. Carton II, n° 11.

dron et, s'il en est totalement sorti, il n'ose y rentrer par la crainte de s'estropier. Il serait inutile de détailler les autres inconvénients de la botte molle. On les apercevra en parlant des avantages de la botte forte et carrée. La Maison du Roi et la gendarmerie l'ont si bien reconnu, qu'ils les ont toujours conservées.

Avec la botte forte, l'escadron peut marcher serré et aligné sans que le cavalier en souffre. Il est mieux placé et plus en force sur son cheval. Elle lui sert de contrepoids, tant pour manier plus habilement ses armes que pour appuyer un coup de sabre. Si le cheval tombe, il peut dégager la jambe de la botte sans accident. Il est à l'abri des coups de pied, des coups de sabre et autres blessures. Mais le point essentiel est la force et la fermeté de l'escadron. Elles coûtent, à la vérité, un peu plus cher, mais elles durent incomparablement plus longtemps, d'autant que le cavalier, en mettant pied à terre dans le camp ou le quartier, n'a rien de plus pressé que de prendre des souliers. Avec la molle il est toujours botté et, à moitié de la campagne, il faut les faire remonter parce qu'elles sont ou pourries ou brûlées. On alléguera peut-être les manèges ; c'est un abus dans lequel on était tombé et qui a ruiné la cavalerie. Un cheval de cavalier, qui sait aller en avant, le pas, le trot et un temps de galop peut s'en servir seulement lorsque l'escadron arrive à 60 ou 80 pas de celui qu'il doit charger. S'il galope de trop loin, les chevaux seront essoufflés et arriveront sur l'ennemi hors d'état de le combattre avec succès. Il est nécessaire aussi qu'ils sachent reculer et un peu fuir les talons afin de pouvoir ouvrir ou resserrer les intervalles et rien de plus.

Il est vrai qu'avec la botte forte, la cavalerie peut manœuvrer à pied ; aussi, n'a-t-elle pas été formée pour cet objet, mais pour soutenir l'infanterie en plaine et celle-ci la cavalerie dans les pays coupés, montagneux et difficiles ; les dragons pour être portés légèrement partout où besoin est. On sait que sans ces trois corps rassemblés on ne peut faire la guerre. De toutes les campagnes que j'ai faites depuis 1712 jusqu'à la dernière paix, je n'ai vu qu'une seule occasion où un détachement de 50 maîtres, entouré de hussards, se jeta dans un cimetière à portée. Il y mit pied à terre et s'y défendit à coups de mousquet assez pour donner le temps d'arriver à son secours. La botte molle n'était pas nécessaire pour cette opération. Un digne chef de cavalerie, avec qui je raisonnais des grands avantages que procurait le tiercement et sur celui que les bottes fortes y ajouteraient encore, me dit qu'il voudrait même y joindre les escarpins comme aux bottes de chasse ; mais outre la dépense et l'entretien, cela serait sujet à d'autres inconvénients.

Les derniers chapeaux qui ont été fournis à la cavalerie sont encore trop petits et n'ont pas la forme assez profonde. Le cavalier, au moindre mouvement que fait un cheval, est forcé d'y porter la main et, souvent, n'arrive pas à temps, pour les empêcher de tomber. D'ailleurs, au lieu d'être ronds, par les bords, ils sont coupés de manière qu'étant retroussés, les pointes se trouvent beaucoup plus courtes que les ailes, ce qui les rend d'autant plus ridicules que, par ce moyen, on n'est garanti ni de la pluie, ni du soleil et qu'étant mouillées, les ailes chargées d'un bord de laine qui conserve l'eau tombent et font le clabeau (*sic*) n'étant plus soutenues par les pointes, qui sont rognées; il ne peut même être rechangé lorsqu'il est mis retroussé. Il est donc de nécessité, à tous égards, que les bords du chapeau soient également arrondis et qu'il soit assez profond de forme.

Les habits, en général, sont trop étroits, surtout des épaules et des manches; à peine peut-on les mettre. Les cavaliers sont même obligés de les ôter pour seller, brider et charger leurs chevaux, ce qui est un grand inconvénient surtout en campagne, où il arrive des cas pressants de monter à cheval. Tout ce qui fait perdre du temps est nuisible au service. Cette réflexion me fait naître l'idée de parler des guêtres, introduites depuis quelque temps dans la cavalerie, assez mal à propos. Elles sont fort longues à mettre et à défaire, surtout étant justes comme on l'exige, de plus embarrassantes dans des petits porte-manteaux faits exprès pour que le cavalier ne puisse y mettre que le nécessaire; c'est une dépense et un entretien onéreux et superflu. Un régiment de cavalerie a meilleure grâce, pour faire l'exercice à pied, d'être en bas blancs avec une jarretière noire sous le genou, comme je l'ai vu pratiquer, et sans perdre de temps, les cavaliers étaient bottés et à cheval si on l'exigeait.

Je suis persuadé que l'on a eu tort de supprimer les buffles aux cavaliers et que l'on sera obligé d'y revenir. La veste de tricot a toujours l'air déguenillée, parce qu'elle n'a pas assez d'épaisseur et de force pour soutenir la cuirasse. Le buffle la soutient de façon qu'elle n'incommode point, d'ailleurs pare un coup de sabre; on le nettoie facilement et il dure longtemps, ce qui fait une épargne. Le cavalier en a l'air plus étoffé, ce qui est le propre de la cavalerie.

Il est à croire qu'on a voulu donner à ce corps la même légèreté qu'aux dragons sans faire attention qu'il a été formé pour des objets différents. Il ne faut pas le rendre trop pesant, aussi il est constant que la force d'un escadron consiste à avoir un certain poids relatif aux opérations pour lesquelles il a été formé. Je doute fort, par exemple, que les selles de la nouvelle composition qui a été adoptée depuis la paix puissent subsister en temps de guerre, lorsqu'il faudra porter des tentes, marmites, piquets et autres ustensiles indispensables, souvent même du pain et du fromage pour quatre ou cinq jours. La grande difficulté est d'avoir des chevaux épais et légers. Un cheval de cavalier, qui n'a que de la finesse et de la légèreté ne le sera pas longtemps. Il est certain qu'on vient de donner la meilleure forme possible à la cavalerie. Elle est admirable. Tous les mouvements se feront plus carrément avec beaucoup plus de précision et de célérité.

On s'attache trop aux grands hommes et pas assez à la tournure et à la figure. Un grand homme est ordinairement trop fendu et rarement bien à cheval. Il est moins robuste qu'un médiocre, se soutient difficilement sur les reins et écrase son cheval. Une troupe de cavalerie pied à terre, même à cheval, paraît toujours plus belle par l'égalité de la taille et par les belles figures que par une élévation inégale. Je n'ai jamais mesuré un homme ; il est aisé de s'assurer en s'approchant de lui, s'il est de taille et de figure recevables. Un jeune homme de 5 pieds 3 pouces et demi, bien facé et planté sur ses jambes, carré des épaules, la main grande, des cheveux et des dents, fait ordinairement un beau cavalier l'année suivante. Tout homme fluet et qui manque de face ne réussit guère. Je ne les estime pas au-dessous de 4 pouces ni au-dessus de 6.

On a si fort négligé les moustaches que dans plusieurs corps de cavalerie il n'y en a presque plus. Rien, cependant, n'a meilleure mine ni l'air plus martial. Nous en étions si persuadés, que les jours de parade nous en faisions mettre de postiches aux jeunes cavaliers.

Il est très nécessaire, sans doute, d'avoir de bons trompettes et un bon timballier à quelque prix que ce soit. Rien n'est plus majestueux et ne ranime davantage qu'un bon bruit de guerre et de fanfare. Tout autre instrument est inutile et dispendieux, on peut même dire efféminé, ainsi que les pompons introduits par la jeunesse dans les troupes depuis quelque temps. Tout ce qui est superflu devrait en être banni. L'utile et une grande propreté suffisent. Les fausses dépenses absorbent une partie des masses, qui seraient employées utilement ailleurs. On lésine souvent sur l'essentiel pour fournir aux frivolités.

Le ministère du duc de Choiseul a été marqué par des réformes importantes. Par l'ordonnance du 1er décembre 1761, sur 62 régiments de cavalerie, 31 disparaissent pour doubler les 30[1] qui restent, portés à 4 escadrons de 160 hommes chacun. Celle du 21 décembre 1762 retire l'entretien des compagnies aux capitaines. Au moyen d'un traitement réglé, toutes les gratifications annuelles, attachées aux charges de quelque grade que ce soit, sont supprimées. Le Roi n'accorde plus aux capitaines ni routes, ni

---

1. Il y avait, en plus, un régiment de carabiniers et trois de hussards : Bercheny, Chamborant, Royal-Nassau.

remontes, ni ustensiles. Il prend, par contre, l'engagement de fournir des chevaux à toute sa cavalerie, même aux officiers.

L'ordonnance du 1er décembre 1768 établit une masse pour la remonte, afin d'assurer le remplacement des chevaux d'une manière invariable.

Par l'ordonnance du 17 avril 1772, rendue sous le ministère de M. le marquis de Monteynard, chaque régiment est réduit à trois escadrons, dont chacun sera formé de trois compagnies au lieu de deux qui les composaient. D'après cette formation, on donnait plus de consistance à l'escadron pour le rapprocher davantage de la force qu'il devait avoir à la guerre. Dans les exercices de paix, les officiers s'habitueraient à des fronts plus considérables, à des distances proportionnées. Ils se trouveraient avoir le coup d'œil plus exercé aux véritables manœuvres de la guerre.

En 1781, le général de Bohan, qui professait avec éclat au manège de Lunéville, publia l'*Examen critique du militaire français,* ouvrage remarquable par sa simplicité, sa clarté et sa sincérité.

Qu'on ouvre nos traités d'équitation, y est-il dit, on verra partout la nature forcée et contredite. Que de chevaux estropiés et usés avant d'en trouver un capable d'exécuter les singeries que nous ont fait dessiner MM. de Newcastle et de La Guérinière, etc., sous les noms baroques de passades, terre à terre, pezades, mezair, balotades, pas et le saut, falcades, repelons, etc., etc. ! C'est de ce jargon minutieux dont je prétends surtout me préserver dans mon école. Les chevaux ne connaîtront point d'allures artificielles et j'appliquerai toutes les ressources de l'art à perfectionner celles que la nature leur a données.

Mottin de la Balme, également un des maîtres du manège de Lunéville, protestait avec non moins de vivacité contre les côtés peu applicables à la cavalerie de l'enseignement de la haute école.

Dans son *Étude sur la cavalerie,* on lit :

Au lieu de faire du dressage du cheval un art difficile, et sur lequel on subtilise, il serait plus pratique de le rendre simple et d'en faire un travail utile pour le cavalier. Au lieu de lui apprendre les allures de la haute école, il vaudrait mieux l'exercer aux allures en manœuvres, dont il peut avoir besoin devant l'ennemi.

Si Dupaty de Clam ne s'élève pas, comme la plupart des écuyers militaires de son temps, contre la haute école qui ruine les chevaux, il en préconise la pratique et, sans approuver le mode des airs de manège, les explique, mais en recommandant de ne point en abuser.

Dans la *Pratique de l'art de l'équitation réduit en principes,* il a cherché à rassembler les bonnes lois, « ces lois fondamentales si strictement observées dans les manèges royaux. Quelques années d'habitude m'ont appris à leur donner un ordre, et à former un total qui pût être analogue aux principes qui conviennent à une troupe comme la compagnie des mousquetaires. »

Au labyrinthe de mots, de méthodes ou principes, qui faisaient consister l'art de l'équitation dans une sorte de pratiques et d'usages, on opposait des systèmes clairs à la portée de tout le monde.

A la fin du règne de Louis XV, l'école de Versailles voyait donc son autorité contestée par des militaires au point de vue de l'instruction de la cavalerie.

ÉCOLE DE VERSAILLES

Il suffit de rappeler le nom de quelques écuyers composant la Grande Écurie pour montrer que l'équitation académique avait des représentants, dont la réputation s'étendait dans l'Europe entière :

Marquis de Briges, premier écuyer ;

De Lançon, écuyer-commandant ;

Marquis de la Bigne, écuyer ordinaire ;

Chevalier d'Abzac ;

Chevalier Dumas de Gaursac ;

Chevalier de la Bigne, écuyer-élève.

M. de Nestier a été le maître le plus illustre de l'École de Versailles ; MM. de Salvert et de Neuilly y ont acquis une grande renommée.

M. de Lubersac, le général de Bohan, Mottin de la Balme, Dupaty de Clam, le colonel d'Auvergne, le chevalier de Bois-deffre, ont été les adversaires les plus autorisés des méthodes savantes. Leurs efforts ont tendu à ne point faire un écuyer d'un cavalier, attachant à cette qualité d'écuyer un talent supérieur, impossible à acquérir dans la cavalerie où l'on ne peut s'attacher à l'exercice de brillantes inutilités.

Il ne faut pas oublier que l'École de Versailles avait aussi à lutter contre l'équitation anglaise, qui trouvait des protecteurs puissants dans MM. le comte d'Artois, le duc de Chartres et beaucoup de grands seigneurs.

C'est avec regret, écrivait M. Le Vaillant de Saint-Denis, l'un des écuyers du roi, que j'ai vu l'équitation presque avilie. Des usages étrangers ont prévalu et semblent annoncer que les talents des plus grands maîtres vont être à jamais perdus pour la nation. Des bateleurs, des danseurs de corde ont fait admirer leur témérité. La nouveauté de pareils spectacles devait en faire tout le merveilleux. On les a cependant célébrés, tandis que le véritable homme de cheval a été pour ainsi dire oublié. J'ai présumé que l'oubli où l'équitation était tombée était l'effet de la persuasion où l'on est aujourd'hui que cet art n'exige qu'une certaine hardiesse et un peu de pratique, tandis qu'il suppose un travail long et pénible, qui doit être toujours raisonné en développant successivement les principes et faisant sentir de quelle importance ils sont dans la pratique.

Cet écuyer très distingué, qui a publié un *Recueil d'opuscules sur les différentes parties de l'équitation,* fait des vœux pour qu'on se persuade que cet art peut fournir les moyens de dresser des chevaux pour tous les usages auxquels on les emploie et surtout pour la guerre.

Combien ne voit-on pas dans les chocs de cavalerie de cavaliers victimes de leur ignorance, qui auraient été longtemps d'utiles défenseurs de l'État! Dans quelles dépenses effrayantes la nation ne se trouve-t-elle pas entraînée lorsqu'on ignore, dans les troupes à cheval, les moyens de conserver les chevaux, ce qui oblige de les renouveler beaucoup plus souvent qu'il ne serait nécessaire et même de se servir de chevaux ruinés!

Le colonel d'Auvergne, comme tous les écuyers militaires que l'on a cités, partageait cet avis, mais voulait arriver au but désiré par d'autres moyens que ceux en honneur dans les académies. Il a contribué à faire enfin comprendre que l'officier de cavalerie devait s'appliquer essentiellement à l'exercice du cheval, qui avait été fort négligé, jusqu'alors, en dehors des manèges. Il a prouvé qu'il était facile de mettre en peu de temps les hommes à cheval pour leur permettre de manœuvrer avec régularité le plus tôt possible.

Avant de passer à l'étude des mémoires que l'on a consultés, il a paru nécessaire de terminer cette étude rapide sur l'équitation militaire au xviiie siècle en donnant l'opinion de l'un des plus grands réformateurs de l'art équestre de cette époque.

Voici le préambule d'un mémoire adressé en 1785 à M. d'Autichamp, qui avait demandé à M. de Bohan son avis sur l'instruction de manège dans la cavalerie :

On a toujours parlé si vaguement des principes élémentaires de l'art de la cavalerie, qu'il en résulte une variété étonnante dans les opinions. Il est même commun d'entendre des officiers de cette arme soutenir un avis diamétralement opposé sur les moyens d'instruire et de mouvoir un escadron.

Cependant, toute personne sensée, et qui aura l'esprit habitué à l'exactitude du langage, ne pourra comprendre qu'il existe un art sans principe, des principes sans démonstration, et des démonstrations sans une conviction générale.

L'art de la cavalerie est indubitablement soumis aux lois irrécusables du mouvement et du repos, comme la tactique élémentaire est soumise à la mesure mathématique du temps à employer et de l'espace à parcourir. Ceci peut être démontré à tout le monde, car l'homme le moins disposé à s'occuper des sciences comprend tous les jours des vérités très compliquées et beaucoup plus abstraites lorsqu'on lui présente ces vérités avec l'ordre, l'intelligence et la précision du langage nécessaires.

Il s'en faut bien que l'art de la cavalerie soit aussi compliqué que la plupart des autres arts cultivés par les hommes. Mais on pense que si celui-ci est moins compris, c'est seulement parce que ceux qui le professent n'ont pas l'habitude de s'exprimer avec la netteté et l'exactitude qui sont le seul bagage des sciences, et l'on sait que le défaut d'ordre dans les idées est la seule cause première qui retarde le progrès de l'esprit humain dans tous les genres.

Dans les chapitres consacrés à l'enseignement du colonel d'Auvergne, on verra que la démonstration mécanique de l'union de l'homme et du cheval est très mathématique et ne répond pas aux idées de simplicité et de clarté dont il est toujours question dans les mémoires inédits dont il sera parlé. D'où l'on peut conclure que l'enseignement du professeur se basait sur des expériences scientifiques, faites dans le silence du cabinet, non sur des préceptes fantaisistes, qui n'ont jamais été du domaine de l'intelligence et du raisonnement.

Cet écuyer a développé des doctrines nettes, précises et, par des connaissances pratiques, a eu assez d'autorité pour se prononcer contre des théories superficielles, incomplètes et fautives qui formaient, jusqu'alors, la base de l'instruction du cavalier.

NOTICE SUR M. D'AUVERGNE

Un édit de février 1751 porte création de l'École militaire. L'honneur de cette institution revient à Mme de Pompadour et à son protégé Pâris-Duverney, qui en fut nommé intendant pour le récompenser des services rendus pendant la dernière guerre dans le service des approvisionnements. Elle avait pour but de venir en aide à la noblesse pauvre, d'assurer le bon recrutement des officiers.

Le manège fut confié à un élève de M. de Lubersac, Jacques Aimable d'Auvergne, qui le conserva jusqu'à la suppression définitive de l'École, en 1788.

M. d'Auvergne, qui avait pour adjoint M. de Vivefry, n'appartenait pas à l'armée. Il n'en était pas moins désigné avec le titre de lieutenant-colonel, grade honoraire, qui lui avait été conféré par une décision spéciale.

En arrivant aux affaires, M. le comte de Saint-Germain supprima cette école par ordonnances des 1er février et 28 mars 1776 comme ne répondant pas au but de sa création. Les élèves furent répartis dans les cadets-gentilshommes et les écoles nouvelles, au nombre de dix, appartenant aux congrégations qui, depuis l'expulsion des Jésuites, avaient recueilli, dans l'enseignement, l'héritage de cette célèbre compagnie.

Par ordonnance du 17 juillet 1777, on fit de l'École militaire une sorte d'établissement supérieur où étaient admis, à titre de cadets, l'élite des élèves distribués dans les collèges, et des jeunes nobles entretenus aux frais des familles.

La direction du manège fut, de nouveau, confiée à M. d'Auvergne, à qui l'on adjoignit un de ses élèves, M. de Bongars.

Considérant qu'une partie des revenus de l'École était consacrée au luxe et à la magnificence, qui contrastaient avec les facultés et la destination de ceux que Louis XV avait eu l'intention de favoriser, Louis XVI la supprima le 1er avril 1788. Chaque écuyer reçut comme dédommagement un cheval de manège.

Au point de vue de l'équitation, M. d'Auvergne a été la personnalité la plus marquante de cette époque. Son enseignement, de 1751 à 1788, a joui d'une grande réputation, non seulement en France, mais en Europe. Il était considéré comme la personnification la plus complète de l'écuyer militaire. C'était le premier praticien de son temps. Quand il montait son cheval noir *l'Andalou,* que lui seul avait pu dresser, il excitait l'admiration de ses élèves, au premier rang desquels se trouve M. le chevalier de Boisdeffre, lieutenant de carabiniers avec commission de capitaine.

C'est à cet officier que l'on doit le résumé des leçons du maître, publié dans les *Principes de cavalerie,* ouvrage classique qui porte pour épigraphe : « En toute chose, il faut considérer la fin. »

Voici un portrait qui se trouve dans l'édition de 1803 :

M. d'Auvergne, écuyer en chef de l'École militaire, réunissait toute la perfection du plus rare talent admirable sur les chevaux, dont la finesse exigeait une grande précision ; il se montrait sur tous un grand maître, et il n'en était point qui ne fût embelli par sa brillante exécution. Jamais on ne le vit, impatient ou colère, faire subir à un cheval un châtiment inconsidéré, parce que sa justesse lui indiquait toujours la cause d'une difficulté et les moyens de la surmonter, et il en appliquait les effets avec une précision singulière sur les chevaux qui paraissaient les moins domptables par l'extraordinaire de leur ardeur et la rapidité de leurs mouvements ; plus même ces qualités étaient brillantes, mieux il prouvait le mérite de son travail. Il enseignait avec le même succès et tous ceux de ses élèves qu'il a pu instruire seulement trois années ont eu du talent, et s'ils ne l'ont pas conservé, c'est qu'ils ont cessé d'exercer.

Toutes les personnes qui ont connu M. d'Auvergne confirmeront cet

éloge et ajouteront qu'à son talent supérieur il joignait tout ce que la
bonté a de plus touchant et la vertu de plus exemplaire.

Le volumineux manuscrit de la bibliothèque du Ministère de la
guerre, qui contient plusieurs mémoires de M. d'Auvergne, sous
le titre de *Lettres à M. de Rezet,* renferme, à la première page,
une appréciation remarquable sur cet écuyer. Elle a été écrite
évidemment sous l'Empire, puisqu'il est question de l'école de
Saint-Germain.

On la donne *in extenso* pour compléter les renseignements fort
rares que l'on a pu se procurer sur un homme de cheval dont le
nom tient une si grande place dans l'histoire de l'équitation.

M. d'Auvergne, colonel de cavalerie, écuyer commandant de l'École
militaire depuis sa formation jusqu'au moment où elle fut supprimée
en 1776, est un des plus grands écuyers qu'ait eus la France. C'est lui
qui, le premier, a écrit une démonstration mathématique de l'union
de l'homme avec le cheval, mais son extrême modestie l'avait empêché
de la faire imprimer, malgré les demandes pressantes et réitérées de
plusieurs officiers généraux de la cavalerie.

Cette démonstration fut néanmoins connue dans le temps par des
copies manuscrites plus ou moins altérées. M. le chevalier de Bohan,
son élève, l'a insérée dans son livre sur l'Équitation considérée sous
le rapport de la cavalerie, mais celle que l'on trouvera dans cet ouvrage est plus exacte et plus étendue.

M. le chevalier de Bongars, neveu de M. d'Auvergne, est possesseur
des manuscrits que j'ai fait imprimer. Il a bien voulu me les confier.
Je n'ai pu voir, sans le plus vif intérêt, l'écriture et les réflexions d'un
homme dont j'ai eu l'honneur d'être l'élève et pour qui j'avais la plus
grande vénération comme tous ceux qui le connaissaient. Jamais
homme peut-être n'approcha autant de la perfection morale. A son
talent il joignait toutes les qualités qui peuvent commander l'estime et
le respect. Tous ses élèves ont conservé pour sa mémoire les sentiments
que j'exprime trop faiblement et je suis heureux que la confiance de
M. le chevalier de Bongars m'ait donné l'occasion de parler au public
d'un homme qui possédait un mérite si éminent.

Les principes de M. d'Auvergne sur l'équitation produisirent, dans
le temps, une espèce de révolution. Avant lui, une sorte de raideur se
montrait dans l'assiette et les mouvements du cavalier, et n'était guère

éloignée des principes professés par M. le duc de Newcastle en Angleterre.

Les élèves de M. d'Auvergne furent placés dans la cavalerie et enseignèrent d'après ses principes.

MM. de Sarlabousse du Tertre qui commandait l'École de Saint-
Germain, de Boisdeffre, de Chabannes, le chevalier de Bongars,
d'Anglars, de Ferrette, de Maubeuge, de Valery, chevalier d'Agent,
chevalier de Bohan et plusieurs autres enseignèrent les principes de
M. d'Auvergne dans différents corps de cavalerie. M. le duc de Broglie,
fils du maréchal, fut un de ses meilleurs élèves, ainsi que M. le comte
de Broglie, neveu du maréchal, retiré du service avec le grade de
maréchal de camp.

Joseph II et le grand Frédéric appréciaient les talents de M. d'Auvergne et lui en donnèrent des preuves.

Après la suppression de l'École militaire, il se retira à Orléans où
il vécut dans la retraite. Il mourut entouré de la vénération publique
et emporta dans la tombe les profonds regrets de sa famille et de ses
amis.

Les *Lettres à M. de Rezel* comprennent, outre la notice que l'on
vient de citer :

1° Lettre de M. d'Auvergne à M. de Rezet ;

2° Projet d'instruction nécessaire à un régiment de cavalerie
sur l'équitation ;

3° Plan qu'on se propose de suivre dans l'exercice de la cavalerie pratiqué à l'École militaire ;

4° Démonstration mécanique de l'union de l'homme et du
cheval ;

5° Mémoire raisonné sur l'équitation simplifiée et mise à la
portée des officiers qui sont chargés de l'instruction des régiments de cavalerie et de dragons ;

6° A ma chère nation ;

7° Réponse de M. de Lubersac à M. de Moutiers ;

8° Effets des jambes ;

9° Des effets de la bride ;

10° Mémoire sur l'art de la cavalerie ;

11° Détail de ce qui se passe à l'école de cavalerie de La Flèche.

On donnera des extraits de la plupart de ces chapitres, afin de
mieux indiquer les principes d'un écuyer célèbre qui, joignant des

connaissances mathématiques à la pratique la plus suivie, a fait moins de bruit pour établir sa renommée que beaucoup d'autres célébrités équestres, amies de la réclame pour donner, souvent sans garanties des hommes de cheval, leurs systèmes comme préférables à tous les autres.

PRINCIPES DE M. D'AUVERGNE

I

A l'École militaire, le 1er décembre 1763.

J'ai reçu avec un grand plaisir la lettre que vous m'avez fait l'amitié de m'écrire, mon cher de Rezet. Vous devez bien être assuré du plaisir que j'aurai toute ma vie à faire quelque chose qui vous soit agréable et, en conséquence, je vais vous donner une idée sur ce que vous me proposez.

Vous avez senti parfaitement que vous n'aviez pas tenu assez longtemps vos cavaliers à la longe, mais la raison que vous m'en donnez est plus que suffisante : l'envie de paraître qui gâte, entre nous soit dit, les trois quarts des besognes. Deux et même trois mois pour l'espèce des hommes et des chevaux que vous avez ne seraient pas trop. Les gens qui ont prétendu qu'un cavalier se tenait bien plus à la main en bridon qu'en bride, ne connaissent guère l'équitation ; ne les écoutez pas, mon cher ami, et faites toujours trotter vos cavaliers avec des bridons, les rênes séparées ; après qu'ils auront trotté et fini leur reprise, faites-leur faire un nœud au bridon, faites-leur prendre les rênes de la bride dans la main gauche et faites aller vos écoliers au pas en leur apprenant à rendre la main, à mollir le poignet, à ajuster les rênes et à faire les opérations de la main. Le bridon est une des meilleures inventions qu'on ait trouvées dans l'art de l'équitation. Je voudrais bien aussi qu'on pût trouver le moyen de conduire les chevaux sans embouchure. Vous savez que j'y travaille depuis longtemps dans mes recherches ; je n'ai rien trouvé qui me satisfasse. Cela ne m'empêche pas de continuer, car je vous dirai que je suis toujours indigné du moyen dont nous nous servons pour communiquer nos idées au meilleur des animaux. Quelle barbarie de lui mettre un morceau de fer dans la partie la plus sensible chez tous les animaux ! Il le faut avouer, le cheval est trop notre ami pour que nous soyons dans la nécessité de nous servir de pareils moyens. Vous voyez, d'après ces principes, combien je déteste la bride et suis, par conséquent, ami du bridon, dont les effets ne sont point à comparer aux ravages affreux de la bride dans la bouche de l'animal. D'ailleurs, il est indispensable qu'un homme qui commence se tienne de temps en temps à la main ; j'aime mieux qu'il s'y tienne avec le bridon. En s'en servant, il produit deux effets contraires qui nous sont d'un grand secours et les voici : il endurcit, il prépare les barres tranchantes et les lèvres tendres des jeunes chevaux. Au contraire, dans ceux d'un certain âge, dont les barres et les lèvres ont été endurcies, comme vous devez en avoir beaucoup, le bridon les ramollit et leur donne de la sensibilité ; vous voyez combien vous avez raison. Je pourrais vous donner encore bien d'autres effets de la bonté du bridon, mais une simple lettre ne le permet pas.

Vous devez effectivement trouver beaucoup de difficultés pour dresser vos chevaux. Il faut du temps et avoir des hommes un peu formés ; après cela, les chevaux se dressent bien vite. Faites usage de la longe et de la chambrière pour mettre la tête au mur et les hanches en dehors. Cette leçon, donnée avec patience, est la seule qui vous soit nécessaire pour faire connaître les jambes aux chevaux et les accoutumer à former le pas de côté. Voilà jusqu'où doit s'étendre l'éducation de nos chevaux. Ne perdez point de vue dans ces sortes de leçons de faire mettre le cavalier et le cheval d'aplomb, et surtout de ne vous point écarter du grand principe, que vous ne sauriez trop répéter, qui est que dans tous les mouvements l'homme et le cheval ne doivent former qu'un seul et même corps et un tout exactement harmonique. L'harmonie naît de l'accord parfait des parties qui font mouvoir et des parties de l'animal qui doivent être mues. Ce grand principe, le fond de l'art, doit être donné à tout homme qui monte à cheval, mais des cavaliers ne sont point en état de le comprendre. Je répondrai qu'il faut trouver le moyen de le leur faire entendre.

J'approuve tout ce que vous faites faire à la longe. Mais, en mettant en pratique le principe ci-devant, vous verrez que vos cavaliers lèveront moins le cul et que les cuisses rouleront moins. Enfin, cherchez à leur donner une grande liberté, ne leur faites absolument employer de forces que dans le bas des reins, pour soutenir la ceinture en avant et assurer la machine dans les différents mouvements que l'animal peut faire. Cherchez à détruire la force. Les hommes que vous avez en ont toujours trop.

Pour résoudre la question sur laquelle vous insistez, il me faudrait bien du temps, j'ai écrit beaucoup de choses là-dessus, et j'ai disputé et vu disputer le principe, puis le point d'alignement, puis le quart de conversion par bien du monde. Après avoir pesé le pour et le contre de chaque manière, voici mon sentiment : Il faut vous dire d'abord que je voudrais qu'on bannît de toutes les manœuvres de la cavalerie tous les quarts de conversion et qu'on les fît toutes par le pas oblique ; ma grande raison est que c'est le sentiment du roi de Prusse et qu'il le fait exécuter à sa cavalerie ; la seconde, qui n'est pas moins bonne, c'est que les manœuvres en sont plus courtes et cela est démontré. Vous voyez que voilà deux fortes raisons ; mais cela ne sera pas. Nous avons, en France, trop peu d'hommes au fait de calculer les manœuvres pour connaître la bonté de celle du pas oblique. Ainsi, il faut donc déterminer un principe pour ce maudit quart de conversion, manœuvre détestable et presque impossible à bien faire. Après avoir, comme je vous ai dit, vu tous les inconvénients de l'alignement sur le pivot ou sur l'aile qui tourne, j'ai trouvé que ces inconvénients étaient moins grands en s'alignant sur l'aile qui tourne, aussi je l'ai adopté. D'ailleurs, c'est l'ordonnance. Je ne sais pas comment les nouvelles que nous allons avoir nous l'indiquent. Quant aux effets de la main et des jambes dans le quart de conversion, ils doivent être tels que ceux d'un cavalier qui fait à droite ou à gauche ; si c'est à droite, il doit porter sa main gauche à droite, un peu en avant et en la soutenant et se servir en même temps de la jambe droite pour porter l'arrière-main à gauche. Et de même en faisant un quart de conversion à droite, si le front est grand, il faut que les deux jambes soient à peu près égales et que l'effet de la main soit moins considérable. Si le front est petit, plus il approchera de l'unité, plus il faudra que les cavaliers ferment leurs jambes droites en faisant faire une plus grande opération à la main. Le contraire pour les conversions à gauche.

Quand une troupe marche devant elle, l'alignement sur le centre est meilleur, vous en savez les raisons.

Voilà, mon cher ami, mes faibles réflexions que je vous prie de ne communiquer à personne. Elles sont jetées au hasard sur le papier. Vous êtes bien en état de les débrouiller et de prendre ce qui peut y avoir de bon au lieu que d'autres les critiqueraient. Dites, je vous prie, mille choses de ma part à M. Delion. Dites-lui qu'effectivement M. Dericourt sera un bon homme de cheval, j'en suis très content. Quant au fils de M. de Mornival, il se porte à merveille et est encore trop petit pour monter à cheval.

M. et Mme de Croixmare vous font mille compliments, ainsi que M. de Bongars, ainsi que M. de la Cordaire.

Adieu, mon cher ami, disposez toujours de moi tant que vous voudrez, ce sera la plus grande preuve de votre amitié.

Votre sincère ami,

DAUVERGNE.

Nous avons ici M. de Molard, lieutenant-colonel de *Bourgogne*, et

M. Dumont, lieutenant-colonel de la *Reine,* qui a travaillé à l'ordonnance de la cavalerie, et qui vont, à ce qu'on dit, fixer des principes
d'équitation pour toutes les écoles de cavalerie. Vous jugez bien combien cela sera bon. Ils peuvent être d'excellents officiers de cavalerie,
mais, quant aux principes d'équitation, ils n'y entendent rien ni l'un ni
l'autre. Je voudrais bien être à portée de raisonner de tout cela avec
vous.

II

PROJET D'INSTRUCTION NÉCESSAIRE A UN RÉGIMENT DE CAVALERIE

SUR L'ÉQUITATION.

L'attention de M. d'Auvergne devait nécessairement se porter sur les moyens les plus pratiques d'assurer, dans les régiments, l'instruction équestre, qui était assez négligée et ne répondait par conséquent pas aux exigences du service.

Ce projet a pu être encore pris en sérieuse considération bien longtemps après, puisqu'on en retrouve, dans diverses méthodes d'enseignement, des principes qui y sont relatés. Cette école des instructeurs n'a-t-elle pas quelque analogie avec celles que l'on a vues fonctionner dans beaucoup de corps, où l'on a simplement donné une extension plus grande à la surveillance des classes ? On y trouve l'origine du grade de capitaine-instructeur, celle des élèves-brigadiers, du peloton-modèle, des gratifications.

En voici le préambule :

L'art de monter à cheval étant nécessaire à tout homme de guerre qui prend le service de la cavalerie, le cavalier doit connaître les moyens qui peuvent le rendre maître de son cheval et le faire combattre avec plus d'avantage.

Suivent vingt-deux articles :

Art. 1er. — Choix de deux cavaliers jeunes, intelligents pour montrer aux autres ; de préférence des fourriers ou brigadiers, la leçon fera beaucoup plus d'effet que si elle était donnée par des cavaliers. A leur défaut, faire entrevoir aux cavaliers instructeurs qu'ils pourront arriver à ces grades.

Art. 2. — Ces 2 hommes par compagnie étant réunis feront un total de 32, qui peuvent monter à cheval trois fois par semaine.

Art. 3. — Choisir des chevaux légers et nerveux.

Art. 4. — Un endroit couvert est absolument nécessaire pour l'exécution de cette école, afin de mettre les maîtres et les écoliers, les chevaux à l'abri de la pluie, du vent.

Art. 5. — Des longes avec leurs caveçons sont indispensables ; une par compagnie sera suffisante, mais elle est nécessaire, n'étant pas possible d'enseigner comme il faut à un homme qui est obligé d'écouter le maître et de conduire son cheval.

Art. 6. — Le choix des heures dépend de la discipline et des exercices du corps ; on observera seulement qu'il faut quatre heures de travail pour faire monter 32 cavaliers.

Art. 7. — Trois jours par semaine peuvent être employés à la connaissance du cheval et des différentes parties du harnachement, aux soins à donner aux pieds.

Art. 8. — Il est absolument indispensable que les cavaliers montent indistinctement et au choix du maître les 32 chevaux désignés.

Art. 9. — On commencera par donner la position de l'assiette, puis des cuisses, des jambes, de la main, du corps. Rappeler que l'homme et le cheval ne doivent former qu'un seul et même corps.

Art. 10. — Inspirer la sagesse à cheval ; on vient à bout de tous les chevaux par la douceur. La force et les châtiments employés mal à propos ne font que les faire défendre.

Art. 11. — Quand le maître aura constaté quelques progrès, il fera sortir les élèves de l'endroit où ils sont pour leur faire faire au pas les premières évolutions de cavalerie, marcher 2, 4, 8, 16, 32. Leur expliquer les principes de ces mouvements.

Art. 12. — C'est d'après ces principes bien entendus et bien exécutés que l'on verra le fruit des peines et des soins que l'on aura donnés à cette école.

Art. 13. — Après un an de travail suivi, on pourra disperser les 32 cavaliers, chacun dans leur compagnie et les y faire travailler toujours dans les mêmes principes, afin de donner de la confiance aux écoliers dans leurs maîtres.

Art. 14. — Si le régiment vient à faire des mouvements pendant l'année qu'on exige pour former des élèves, il vaudrait mieux suspendre l'école et la reprendre dans un temps où l'on serait certain de pouvoir y employer le temps nécessaire.

Art. 15. — Les hommes ne pourront être menés que par l'espoir des récompenses, quand ils font bien, et par la crainte des punitions justes, quand ils font mal ; il serait à propos d'établir quelques récompenses pécuniaires pour ceux qui se distingueront ; quant à l'épreuve des châtiments pour ceux qui feront mal, on croit qu'il serait plus à propos de les renvoyer à leur compagnie avec la honte de n'avoir voulu pas mériter les bonnes intentions qu'on avait sur leur avancement.

Art. 16. — Si, parmi ces 32 cavaliers, il s'en trouve de mauvais, il faut les renvoyer et en prendre d'autres.

Art. 17. — De même pour les chevaux.

Art. 18. — Inspirer aux élèves l'amour du cheval qu'ont tous les

Orientaux, ce qui les rend si supérieurs à nous. On leur inspirera cet attachement en causant beaucoup avec eux sur leurs chevaux, en exigeant qu'ils les pansent par amitié et non par devoir, enfin par une petite récompense à celui qui marquera le plus d'attachement pour son cheval.

Art. 19. — Les 32 chevaux employés pour l'école ayant plus à travailler que les autres devront être mieux nourris.

Art. 20. — Il serait utile d'engager quelque officier, soit lieutenant, soit cornette, à s'appliquer à cette école. Il pourrait, dans certaines circonstances, remplacer le chef.

Art. 21. — La réussite de cette école dépend de la confiance que tous les officiers auront en celui qui sera à la tête.

Art. 22. — La réussite de cette école dépendra encore d'un plan bien formé de concert avec MM. les capitaines. Il faut le bien réfléchir avant de le mettre à exécution, ne plus varier ensuite, parce que les changements sont tout à fait contraires aux progrès. Il vaudrait mieux que le projet, quoiqu'un peu moins bon, restât tel qu'il est, que de changer à chaque instant pour en prendre un dans lequel on remarquerait quelque chose de meilleur.

Comme on le voit, M. d'Auvergne se méfie des innovateurs qui, de son temps, ont porté un si grand préjudice à l'uniformité de l'instruction de la cavalerie. L'ordonnance provisoire de 1788 a imposé un peu de stabilité dans les principes, sans pouvoir, cependant, arriver au résultat tant désiré par M. d'Antichamp, qui a attaché son nom aux réformes de l'arme.

III

PLAN QU'ON SE PROPOSE DE SUIVRE DANS L'EXERCICE

DE LA CAVALERIE PRATIQUÉ A L'ÉCOLE MILITAIRE.

Personne n'ignore que la manière dont on a enseigné l'art de monter à cheval n'est d'aucune utilité non seulement au métier de la guerre, mais même journalier que l'on fait à l'usage du cheval.

On a, jusqu'à présent, tenu les jeunes gens dans un manège pendant quatre ou cinq ans, montant continuellement des chevaux dressés, dans des selles où ils sont embouclés et suivant toujours quatre murailles. Otez-lez de là, mettez-les sur le premier cheval de guerre ou de chasse avec une selle rase ou à la royale. Ils sont tout désorientés, ne savent plus comment s'y prendre, roulent sur leurs selles et, enfin, ne peuvent tirer parti de leurs chevaux.

Je crois que la manière dont on doit montrer un art si nécessaire à l'homme doit être simple, courte, trouvée dans la nature même de l'homme et du cheval, et c'est ce qui a été découvert par un grand maître que nous avons à présent.

Après avoir établi la position du corps du cavalier, des jambes et des mains, ainsi que de leurs opérations, il ajoute :

Il ne s'agit plus que d'une longue pratique, et voici comment je voudrais qu'elle fût suivie :

1° Le maître fera monter toutes sortes de chevaux à mesure qu'il s'apercevra de la force de ses écoliers ;

2° De les faire monter sur toutes sortes de selles, ainsi que de leur donner usage de toutes les différentes façons dont on se sert pour mener les chevaux, comme bride, bridon à l'anglaise, caveçon à l'italienne, brides sans embouchures, etc. ;

3° De les mener souvent dehors, de leur faire exécuter ce qu'on leur a dit au manège, de bien leur persuader qu'ils n'apprennent au manège que pour exécuter dehors ;

4° De les faire escadronner et leur donner tous les principes de la manœuvre et de l'escadronnement par rapport à l'équitation. Cela fera que quand ils iront à leurs régiments, ils comprendront bien promptement toutes les manœuvres qu'on y fera et seront en état de voir par où elles pécheront par rapport aux principes d'équitation ;

5° De leur faire sauter des fossés, des hayes et leur donner les moyens de forcer tous les chevaux qui voudraient s'y défendre;

6° Leur apprendre à accoutumer leurs chevaux au feu, les faire tirer souvent et leur donner tous les moyens de réduire ceux qui se défendent, et leur faire comprendre qu'il y a souvent autant de la faute de l'homme que de la faute du cheval;

7° Leur faire connaître les causes qui font défendre les chevaux; comme c'est presque toujours manque de force ou qu'ils souffrent dans quelques parties, il faut leur faire connaître quelle est la partie qui souffre;

8° Leur faire connaître pour quelle cause un cheval se défend pour tourner à droite ou bien à gauche, savoir si c'est faute de connaissance de rênes ou bien d'une épaule moins libre que l'autre, ou bien une hanche.

J'ai bien dit la position de la main ainsi que ses effets, mais je n'ai point indiqué les moyens qu'il doit employer pour exécuter ces effets. Ils paraîtront ridicules à bien des gens de cavalerie, mais quand ils voudront faire attention que la main, dans toutes ses opérations, doit porter tout l'avant-bras du cheval, ils verront aisément que cela ne peut se faire avec un petit mouvement du poignet, comme beaucoup de cavaliers le veulent, sans que le bras y ait part. C'est d'autant plus absurde qu'il n'y a point 4 chevaux sur 5o que l'on redresse comme cela; au lieu que de la façon dont je vais expliquer, sur 5o il n'y en a pas un qui refuse. Ils diront que c'est qu'ils ne les ont pas dressés et que, s'ils les avaient dressés, ils tourneraient aussitôt les 5o. Cela pourrait être, car le cheval est un animal que nous accoutumons à tout. Je suis sûr que, par les mouvements les plus contraires, on le fait venir au même but que celui qui aura employé les mouvements les plus vrais. Mais, comme cela demande beaucoup de temps de part et d'autre (c'est-à-dire beaucoup plus de la part de celui qui aura fait les mouvements les plus contraires), et comme l'on ne pourrait faire usage du cheval que la moitié de sa vie, parce que l'autre serait employée à le dresser, je soutiens donc que le cheval, qui est si nécessaire à l'homme, doit lui servir le plus tôt qu'il peut, et que, par les moyens que j'indique, il faut fort peu de temps pour faire un cheval en état d'être mis dans un escadron. Mais, dira-t-on, il ne faut pas qu'un cheval en sache beaucoup pour entrer dans un escadron? Je répondrai que de la manière dont je voudrais que les escadrons manœuvrassent, cela n'est pas si aisé qu'on le pense et qu'au surplus l'art de l'homme de cheval ne devrait pas s'étendre plus loin. Il s'est étendu jusqu'à présent à former des chevaux que personne ne peut monter, et à ne point former des chevaux pour la guerre. Qu'on ne pense pas que toutes les opérations que j'ai données aux jambes et à la main ne soient pas toutes utiles pour l'escadron, je pense que tous les mouvements qu'ils font faire au cheval sont nécessaires pour l'escadron. Enfin, je ne veux jamais que ma science s'étende plus loin que pour former des hommes et des chevaux pour l'escadron. Je fais fort peu de cas de tout ce brillant de manège qui ne sert à rien. Qu'on n'imagine pas que je laisse les chevaux de chasse. Je crois qu'il est indispensable, par le fréquent usage qu'on en fait, de savoir les dresser.

IV

DÉMONSTRATION MÉCANIQUE DE L'UNION DE L'HOMME ET DU CHEVAL.

Dans la notice qui se trouve en tête de cette étude, au passage emprunté à l'appréciation sur M. d'Auvergne, qui est à la première page des pièces manuscrites formant le volume de la bibliothèque du Ministère de la guerre, il est dit que c'est à ce célèbre écuyer que l'on doit la première démonstration mécanique de l'union de l'homme et du cheval, mais que son extrême modestie l'avait empêché de la faire imprimer, malgré les demandes pressantes et réitérées de plusieurs généraux de cavalerie.

« Cette démonstration, y est-il dit, fut néanmoins connue dans le temps par des copies manuscrites plus ou moins altérées. M. le chevalier de Bohan, son élève, l'a insérée dans son livre sur l'équitation, considérée sous le rapport de la cavalerie, mais celle que l'on trouvera dans cet ouvrage est plus exacte et plus étendue. »

Dans le tome III de l'*Examen critique du militaire français,* qui a rapport aux *Principes pour monter et dresser les chevaux de guerre,* M. de Bohan dit en effet :

Dans tous les siècles, on s'est occupé de l'art de monter à cheval, on a eu des praticiens, des maîtres, des méthodes, des in-folio. M. de Lubersac est le premier qui ait eu quelque idée des principes naturels et mécaniques de cet art. Un de ses écoliers, dont la réputation est au-dessus de tout ce qu'on pourrait en dire, joignant des connaissances mathématiques à la pratique la plus suivie, fit enfin, il y a quelques années, la démonstration suivante.

Cette démonstration n'est, en effet, qu'un résumé de celle qui existe dans le manuscrit de la bibliothèque du ministère, qui, elle-même, est moins complète que celle que l'on a trouvée aux Archives historiques de la guerre. Elle fait partie d'un mémoire sur l'*Instruction pour un régiment de cavalerie relativement à l'équitation.* Il y est joint le *moyen pour trouver la résultante aux trois puissances.*

En cherchant les moyens d'unir ces deux corps de même espèce, il serait aisé de voir que leur union dépend des lois de la mécanique. C'est dans cette science que nous devons puiser les principes d'équitation.

Le centre de gravité d'un corps est un point par lequel ce corps, étant soutenu ou suspendu, reste immobile dans quelque situation qu'il soit, comme si la pesanteur de ce corps était réunie à ce point et passait à ce corps par ce seul point.

Le centre de gravité de l'homme est dans une ligne verticale qui prend du sommet de la tête et se termine à l'os pubis. Le centre de gravité du cheval est de même dans une ligne verticale qui prend du milieu du dos de l'animal et se termine à la pointe du sternum.

L'homme doit être placé sur le cheval de manière que la ligne verticale, dans laquelle se rencontre son centre de gravité, se trouve directement opposée à la ligne verticale dans laquelle se trouve le centre de gravité du cheval, et que ces deux lignes ne forment plus qu'une seule et même ligne droite.

Il faut remarquer que, dans tous les mouvements que fait l'animal, la ligne verticale, dans laquelle se rencontre son centre de gravité, venant à bouger, celle qui contient le centre de gravité de l'homme doit aussi changer et ne former toujours qu'une seule et même ligne droite avec la première. Si elles formaient angle, les deux corps se choqueraient à chaque instant et par conséquent perdraient de leur force et de leur vitesse.

Ce qui vient d'être dit est pour la position du corps seulement ; s'il n'avait rien qui le contînt en équilibre, il tomberait au moindre mouvement que ferait le cheval. Les cuisses et les jambes, qui embrassent le corps du cheval, lui servent de contrepoids, et ces parties, unies avec le corps du cheval, forment l'équilibre de toute la machine. Les jambes et les cuisses ne peuvent former équilibre avec le corps qu'au moyen de leur poids. Ces parties doivent être sans force ni raideur pour en obtenir toute la pesanteur.

Nous considérerons le corps comme une puissance qui tire verticalement et avec l'effort de la pesanteur du corps.

Nous considérerons les cuisses comme une autre puissance qui tire verticalement et avec l'effort de leur pesanteur.

Enfin, nous considérerons les jambes comme une puissance qui tire verticalement et pareillement avec l'effort de leur pesanteur.

Les directions de ces trois puissances étant verticales et par conséquent parallèles, il sera aisé de leur trouver une résultante. On en trouvera d'abord une de la puissance du corps avec celle de la cuisse, ensuite une autre composée de cette résultante avec la puissance de la jambe. Cette dernière résultante, étant produite par les trois puissances ci-dessus, attirera le corps de l'homme, ce qui doit être, pour l'empêcher de rester en arrière dans le transport de la masse en avant.

Les cuisses et les jambes, ne faisant qu'un seul et même corps avec le corps du cheval, elles sont emportées en avant avec la masse de l'animal; et c'est dans le moment du transport de cette masse en avant, que les puissances ou pesanteurs des cuisses et des jambes attirent le corps et le font cheminer en même temps que la masse. Le corps de l'homme est donc contenu par le contrepoids des cuisses et des jambes et elles l'empêchent de faire des mouvements irréguliers, qui contrarieraient l'animal dans la progression du transport de la masse en avant.

Dans les quadrupèdes, comme dans les bipèdes, les colonnes étant faites pour soutenir la masse, pour l'empêcher de tomber et non pour la mouvoir, il suit de là que le mouvement est toujours effectué par la masse, dont la chute serait inévitable sans le secours des colonnes. Si ces colonnes fléchissent ou n'arrivent pas assez à temps pour le soutien de la masse, il faut qu'elle tombe. Les cuisses et les jambes, embrassant cette masse dans son soutien, peuvent contribuer à la soutenir. En se fermant, elles impriment, par leur aide, de la crainte à l'animal, lui font redoubler sa force, et le nouvel effort que fait l'animal soutient sa masse et l'empêche de tomber.

Examinons, la façon d'être à cheval des Arabes, des Turcs, des Maures d'Afrique, des Espagnols, des Hongrois, des Tartares, etc. Nous les voyons tous raccrochés, ayant les jambes dans le ventre du cheval, ce qui leur facilite la légèreté avec laquelle ils manient leurs chevaux, ayant des aides qui en font mouvoir la masse avec une rapidité incroyable. Ce n'est pas qu'on doive adopter leur façon de monter; elle est outrée dans le raccourcissement des cuisses et des jambes qui ne font plus, pour tous, équilibre avec le corps. Mais elle vaudrait infiniment mieux que la position tendue qui écarte de l'animal les jambes du cavalier, lesquelles ne peuvent alors concourir avec les colonnes au soutien de la masse.

La ligne verticale, dans laquelle se trouve le centre de gravité du corps de l'homme, le partageant en deux parties égales, il suit delà que la cuisse et la jambe droites font équilibre avec la partie droite du corps, et la cuisse et la jambe gauches font équilibre avec la partie gauche. C'est pourquoi il est très essentiel d'embrasser très également son cheval avec les deux cuisses. Car, si on ne l'embrasse pas également, il n'y a plus d'équilibre; de plus, la pesanteur dans l'un des deux poids attire l'autre et fait pencher la machine.

Il est aisé de voir, par ce que nous venons de dire, que l'homme à cheval doit être divisé en trois parties, en corps, cuisses et jambes. Le corps et les jambes sont deux parties qui doivent être mobiles; les cuisses doivent être immobiles et ne former qu'un même corps avec le cheval.

Cette partie immobile forme l'assiette du cavalier; elle résulte du nombre de points qui posent sur la selle, des fesses et des cuisses. En sorte que plus le cavalier a de points sur la selle, plus il a d'assiette.

Le corps doit être mobile, afin que la ligne verticale, dans laquelle est son centre de gravité, puisse toujours se rencontrer en ligne droite avec celle dans laquelle est le centre de gravité du cheval et changer autant que celle-ci change, c'est-à-dire à chaque mouvement que l'animal fait.

La partie mobile des jambes est faite pour porter l'animal en avant et lui faire exécuter tous les mouvements dont il est susceptible. Dans leurs opérations, il faut qu'elles gardent leur pesanteur pour conserver l'équilibre ; aussi, elles doivent se fermer sans raideur. Si on en employait, on diminuerait le poids du corps qui n'aurait plus le contrepoids nécessaire pour l'empêcher de rester en arrière.

On n'a point parlé des bras, qui font l'effet des deux extrémités d'un balancier et qui doivent tomber également pour ne pas déranger l'équilibre du corps. Si, dans leurs différentes opérations, on est obligé d'éloigner du corps l'un plus que l'autre, ou d'employer plus de force dans l'un que dans l'autre, il faut avoir grande attention que le corps n'ait point de part à leurs différents mouvements, sans quoi l'équilibre serait dérangé.

Cette position de l'homme sur le cheval, étant dans les lois mécaniques, est celle qui fatigue le moins l'homme et le cheval, ce dernier étant toujours chargé également et l'homme ayant toutes les parties d'aplomb. C'est donc la position où ils feront, l'un et l'autre, le plus longtemps usage de leurs forces et, par conséquent, celle que l'on doit toujours conserver à la guerre, à la chasse, dans les manèges, etc. Aussi voyons-nous que cette position est machinalement prise par tous ceux qui font un fréquent usage du cheval.

V

MÉMOIRE RAISONNÉ SUR L'ÉQUITATION, SIMPLIFIÉE ET MISE A LA PORTÉE DES OFFICIERS QUI SONT CHARGÉS DE L'INSTRUCTION DES RÉGIMENTS DE CAVALERIE ET DE DRAGONS.

Il y a eu, jusqu'à présent, si peu de principes démontrés sur tous les exercices du corps, qu'il paraît impossible d'y parvenir. Ce n'est pas que nous n'ayons eu des hommes célèbres dans ces différents exercices ; mais, soit qu'ils aient craint de mettre des principes au jour, dont ils n'étaient pas certains, soit qu'ils n'eussent point les connaissances nécessaires pour les déterminer, ils ne nous en ont point laissé.

Nous avons sur l'art de l'équitation beaucoup de livres et pas un qui renferme des principes, delà vient la grande diversité des opinions, chacun ayant la sienne fondée sur une longue routine, dont l'amour-propre ne nous permet pas de nous départir.

Le célèbre M. de Newcastle nous a laissé un livre où il y a des choses excellentes, quant au travail des chevaux, à la patience et à la sagesse qu'il faut avoir pour ménager un animal aussi utile à l'homme, mais pas un mot des principes qu'il employait pour parvenir à son but ; M. de La Broüe, célèbre par les éloges que lui a prodigués M. de Newcastle, lui a été bien inférieur.

Pluvinel est obscur, diffus, bien inférieur aussi au grand Newcastle.

Les autres auteurs anciens ne méritent pas la peine d'être cités, n'ayant dans leurs livres ni conduite ni principes, ni sagesse dans leurs moyens. M. de La Guérinière, auteur moderne, nous a laissé un ouvrage qui doit être estimé de tous les gens de l'art. Son livre renferme d'exellents moyens pour dresser le cheval, mais il ne nous apprend pas les principes qu'il employait pour parvenir à former un homme de cheval, ce qui le met dans le cas des auteurs qui l'ont précédé.

Tout ce qui résulte de ces différents auteurs, c'est qu'ils se sont entièrement attachés à nous donner tous les moyens de corriger toutes les fautes que peut faire un cheval, sans avoir fait attention aux causes qui peuvent les faire naître. Il est démontré que presque toutes celles qu'il fait prennent leur source dans l'inexpérience et le défaut de capacité du cavalier. Car, si l'animal pouvait nous faire entendre par quelque signe que nous le chargeons inégalement, que nous nous opposons par cette mauvaise position au transport de telles de ses parties, qui sont attirées par d'autres, ce qui le met dans l'indispensable nécessité de se défendre pour soulager et tirer de la contrainte la partie retenue, nous serions bien surpris de voir que la raison, notre vivacité, notre humeur, la supériorité de notre intelligence nous font rejeter sur lui-même les fautes que nous lui faisons faire et nous empêchent de réfléchir aux moyens qu'il y aurait à prendre pour les prévenir. Tous ces inconvénients, dans lesquels les auteurs ne sont point entrés, feraient la matière d'une infinité de raisonnements qu'un mémoire aussi abrégé ne nous permet pas de traiter. Nous dirons seulement que l'homme de cheval doit être persuadé de la vérité de ce principe que toutes les fautes que fait l'animal sont causées :

1° Par celles que le cavalier fait en ne formant pas un tout avec lui, ce qui le contrarie dans ses mouvements ;

2° Par la faiblesse de l'animal, qui ne peut lui permettre d'exécuter tel ou tel mouvement ;

3° Par le défaut de connaissance dans l'animal, qu'il ne peut acquérir que dans les leçons, le temps et les forces dont la nature l'a pourvu.

Ces trois points dépendent absolument de la science de l'homme de cheval. Dans le premier cas, si la position contrarie les mouvements de l'animal et qu'elle ne s'y prête pas, c'est la faute du cavalier. Dans le second cas, si la faiblesse de l'animal ne permet pas au cavalier de lui demander tel ou tel mouvement, c'est une faute du cavalier de les lui demander. Dans le troisième cas, si l'animal n'a point été stylé à faire tel ou tel mouvement, le cavalier fait une faute de les lui demander. Il faut de l'art, du temps et de la patience pour l'amener à la connaissance des choses qu'on peut exiger de lui.

Il est aisé de voir, par cet exposé, que les fautes de l'animal viennent presque toujours de l'inexpérience du cavalier et que c'est presque toujours à ce dernier qu'il faut s'en prendre ; que, par conséquent, la plus grande partie des leçons qu'on peut donner, doivent tomber sur lui et non sur le cheval, comme l'ont fait les auteurs dont nous venons de parler.

La certitude de ce que nous venons d'avancer est fondée sur l'expérience réfléchie et raisonnée du plus habile homme que nous ayons eu jusqu'à présent et à qui la cavalerie doit les progrès qu'elle a faits dans l'équitation.

M. de Lubersac a porté cet art plus loin qu'on ne l'avait encore porté. Il a senti et raisonné les rapports qu'il doit y avoir entre l'homme et le cheval. Il cherchait les moyens de les démontrer quand la mort, à la force de son âge, nous a enlevé des talents si supérieurs, qui nous auraient éclairés à jamais sur un art dont les principes sont encore dans les ténèbres.

Quoique faible disciple d'un aussi grand maître, encouragé par la reconnaissance et le souvenir de ses excellentes leçons, nous osons entreprendre d'établir des principes invariables et c'est d'après la démonstration (qui ne peut être entendue de bien des gens, étant fondée sur des rapports mécaniques de l'homme et du cheval) qu'on a imaginé d'en donner qui puissent être à la portée de tout le monde, sauf à ceux qui voudront savoir les raisons des moyens qu'on indique, de s'attacher à la démonstration des principes.

L'art de monter à cheval consiste à faire exécuter à l'animal tous les mouvements dont il est susceptible sans le contrarier, soit par la position de l'homme, soit par les effets de ses jambes ou de sa masse, de manière qu'il les exécute avec la même liberté que s'il les faisait de sa pure volonté.

L'art seul ne suffit pas pour cet objet. Il faut du temps, de la patience, pour amener l'animal à ce point de perfection qui sera aussi assujetti à l'âge, aux forces, au caractère et à l'intelligence du même animal. Cette justesse de mouvements, que l'art exige, dépend de la position exacte de l'homme sur le cheval. Il faut un rapport immédiat entre les mouvements de l'homme et ceux de l'animal, de manière que les uns ne soient jamais en contrariété avec les autres et qu'ils tendent tous à l'exécution du mouvement demandé. L'homme doit donc prendre une position qui ne contrarie jamais l'animal et lui laisse toute liberté dans ses mouvements, afin de le fatiguer le moins possible et d'obtenir de ses forces tout ce qu'elles peuvent nous donner pour tous les services que nous exigerons de lui.

De toutes les nations, la cavalerie française est celle qui a le plus besoin de l'instruction de l'équitation. Le peu de chevaux qu'il y a dans le royaume ne permet pas à l'espèce d'hommes qui la composent, de faire de bonne heure un fréquent usage du cheval. De sorte que les hommes que l'on emploie pour la cavalerie, n'ont point du tout, ou presque point, l'usage du cheval. Il n'en est pas de même des nations qui élèvent beaucoup de chevaux, tels que les Allemands, les Hongrois, les Polonais, les Tartares, les Maures. Tous les hommes qui habitent ces contrées sont dans le cas, dès leur enfance, de faire un usage fréquent du cheval, ce qui leur donne une habitude, une hardiesse que ne peut acquérir un cavalier de recrues. L'homme craint naturellement le cheval, surtout à mesure qu'il acquiert de l'âge. Il est donc essentiel d'obvier à ces inconvénients en donnant des principes d'équitation aux cavaliers qui puissent leur tenir lieu de l'usage qu'acquièrent les hommes qui montent à cheval dès leur jeunesse.

Nous voyons, depuis longtemps, que nos meilleurs cavaliers sortent des provinces où nous élevons le plus de chevaux, tels que les Normands, les Picards, les Francs-Comtois, etc.

Le cheval étant fait pour soulager l'homme dans ses travaux, lui

étant absolument nécessaire, l'espèce en étant devenue rare dans tous
le monde connu, il est donc essentiel en l'instruisant lui-même, en servant d'instruction au cavalier, de chercher tout ce qui peut contribuer à
sa conservation. La douceur, la patience et le temps sont les plus sûrs
moyens pour y parvenir. Aussi, on ne peut trop recommander ces
trois points. D'un autre côté, l'aisance que le cavalier tâchera de
donner à son cheval dans le travail, qu'il exigera de lui, ne contribuera
pas moins à sa conservation. Cette aisance ne peut venir que par la
grande union de l'homme et du cheval. Cette union parfaite ne peut
se conserver que par l'attention et l'habitude que le cavalier aura de
se prêter à tous les mouvements de son cheval, de le charger également
ment et de ne point le contrarier dans ses mouvements, au moins le
moins qu'il lui sera possible.

Cette aisance et cet accord, que nous recommandons de donner à
l'homme et au cheval, ne contribueront pas moins à la conservation de
l'homme, objet le plus important pour l'humanité. Qu'on réfléchisse
un moment sur des positions tendues, une tension dans toutes les
parties du corps de l'homme pour le grandir. Le peu d'union, qui doit
résulter de deux corps, qui se choquent à chaque instant, fatigue
nécessairement l'homme et détruit sa marche. Des jeunes gens forts
et vigoureux tiendront dans cette position pendant quelques années.
Mais, qu'en résultera-t-il ? Que ces hommes seront énervés au bout de
quelque temps ou que les efforts qu'ils auront faits leur auront donné
des descentes, maladies trop fréquentes parmi nos cavaliers. La conservation de l'homme est trop chère pour ne pas ouvrir les yeux sur
ces inconvénients.

D'ailleurs, on peut encore observer que les principes, dont on s'est
servi jusqu'à présent, n'ont pu former que des jeunes gens grands,
bien faits, ayant ce qu'on appelle des dispositions, au lieu que par le
moyen des principes indiqués par la nature, tous les hommes, de tout
âge, de toutes sortes de conformations, peuvent acquérir le degré
nécessaire pour former un cavalier.

Par cette position, l'homme et le cheval jouiront toujours de la
liberté et de l'aisance de leurs mouvements. L'homme, uni avec son
cheval, ne recevra point de ces contre-coups (surtout au trot) qui lui
font faire des efforts ou le fatiguent à un point qu'il prend du dégoût
pour l'équitation et que, quand il en est dans le cas, il ne veut plus
se rengager, ce qui produit un mal au service du Roi, qui perd un
cavalier qui commençait à être bien formé et en état d'en former
d'autres.

Cette aisance et cette liberté, que nous exigeons est tellement l'effet
de la nature, qu'il n'y a point d'hommes, mis à cheval dans telle position
qu'on voudra, qui n'y revienne après un certain temps d'exercice.

Faites-en l'épreuve sur une troupe de cinquante maîtres. Faites-les manœuvrer : 1° dans un manège pendant un espace de temps fort court, vous verrez des hommes tendus et qui en imposeront par leur position qui ne peut contribuer en aucune manière à mouvoir l'animal ; 2° faites sortir ces mêmes hommes, qu'on les fasse manœuvrer pendant une heure. Vous les verrez bientôt revenir dans la position que la nature indique à tout homme qui monte à cheval. Et, puisque cette nature ne peut être violée dans ses droits, pourquoi ne pas chercher à la suivre ? Ne nous en écartons que le moins qu'il nous sera possible et nous approcherons du but de la perfection.

VI

A MA CHÈRE NATION.

Quoi! Sera-t-il toujours dit que vous serez volages? Quoi! serez vous toujours imitateurs et ne servirez-vous jamais de modèles, mes chers compatriotes? Vous êtes, cependant, bien faits pour en servir! D'après un grand poète, je vous dirai :

> Non, n'imitons personne et servons tous d'exemple.
> C'est nous, braves amis, que l'Univers contemple.

C'est donc avec peine que je vous vois saisir toutes les nouveautés de vos voisins. C'est peut-être en vain que j'entreprends de vous démontrer l'absurdité de celle des courses, que vous venez de saisir avec avidité!

La nation française a été en partage de posséder, depuis longtemps, l'art de l'équitation, au point que les autres nations venaient prendre les principes de cet art chez elle, surtout les Anglais. L'Italie, le berceau des arts, nous a donné, avec tous les autres, celui de l'équitation. Pignatelli, Napolitain, fut l'instituteur de La Broüe. Avant ce dernier, nous voyons la reine Élisabeth demander à Henry IV Antoine, écuyer de ce prince.

Il ne fallut pas moins les obligations qu'avait ce grand Roi à cette illustre Reine pour déterminer Henry à lui céder un homme dont il faisait cas.

Les Français sont reconnus pour perfectionner les arts, plutôt que pour les inventer. Ils ont perfectionné celui de l'équitation par des hommes célèbres. L'Angleterre n'a d'hommes célèbres, dans cette partie, que M. de Newcastle, homme vraiment habile, mais dont les excellents principes n'ont pu fixer le goût de sa nation. Elle a même aimé se perfectionner en France, peut-être faute d'hommes capables qu'elle ne trouvait pas chez elle. De là, nous avons vu nos académies de Paris, celles de provinces, remplies d'amateurs de cette nation.

Tout à coup la scène change et c'est l'équitation anglaise qui est à la mode! Esclaves que nous sommes des modes, toute notre jeunesse se met le corps à la torture pour attraper une manière contraire à l'emploi des forces du cavalier, contraire à celle du cheval, contraire à la grande vitesse, contraire à la sûreté de l'homme, contraire enfin à la grâce.

Essayons de démontrer ces vérités.

Je dis contraire à l'emploi des forces du cavalier, parce qu'il est constant que moins nous employons de force, plus nous nous mettons dans le cas de résister plus longtemps à une fatigue quelconque. Or, la manière anglaise d'équiter oblige le cavalier à faire sans cesse des mouvements de corps, de bras et de jambes, qui mettent les muscles dans une contraction continuelle qui, par conséquent, fatiguent l'homme promptement. Au contraire, par les principes des hommes qui passent chez nous pour habiles, le cavalier ne doit faire aucun mouvement. Il doit se laisser reposer entièrement sur son cheval, se lier avec lui et ne former qu'un seul et même corps. Donc, par cette méthode, on tiendra plus longtemps à cheval, soit à la guerre, soit à la chasse, soit à courir la poste. Aussi, voyons-nous qu'elle est suivie par ceux qui font un fréquent usage du cheval, sans art, sans y apporter aucune prétention. On a poussé l'ignorance jusqu'à dire qu'un cavalier qui ne portait que sur ses étriers pesait moins sur son cheval, comme si un corps porté par un centre perdait de son poids pour être posé de telle ou telle manière. Il est bien vrai qu'il peut être posé d'une manière à conserver plus longtemps l'équilibre des deux corps et, par conséquent, à se moins fatiguer réciproquement ; mais celui qui est porté a toujours le même poids. C'est une absurdité, qu'on a de la peine à entendre soutenir. Je vais proposer un essai, qui paraîtra ridicule aux amateurs de la manière anglaise. Il est pris dans la nature, le voici : Je leur propose de prendre un homme léger et fort, de lui proposer de parcourir une carrière quelconque avec un enfant de dix à douze ans qu'il porterait sur ses épaules, d'apprendre à cet enfant à s'élever ou s'abaisser sur des étriers qui passeraient au cou du coureur, comme on le fait à la manière anglaise. J'indiquerai ensuite, à ce même enfant, de ne faire aucun mouvement sur l'homme qui le porte. Si cet homme n'a pas plus de vitesse de cette manière que de l'autre, et qu'il ne ressente pas moins d'obstacles, je passe condamnation sur la première ; il éprouvera des arrêts continuels qu'il n'éprouvera pas par la seconde. Ces arrêts sont moins sensibles sur un cheval, surtout quand il porte un petit poids, à cause de sa force, mais ils existent et portent un retard à sa grande vitesse.

L'on nous soutient qu'il serait impossible qu'un homme, allant un aussi grand train que vont les haquets dans les courses, pût rester le corps droit sur son cheval, qu'il opposerait à la résistance de l'air une plus grande surface ; qu'en mettant le corps en avant, il fend l'air avec sa tête ; qu'il perdrait bientôt la respiration ; quant à ce dernier obstacle, je soutiens que c'est l'habitude qui fait qu'on souffre le plus ou le moins du défaut de respiration et qu'il en est comme d'un homme qui, faute d'exercice, est essoufflé au bout d'une course de cent pas et que, par l'exercice, il vient à en parcourir 400, 600 sans être essoufflé. Quant à la résistance de l'air, cela fait une si petite différence qu'il est inutile de s'y arrêter. D'ailleurs, dans des courses aussi rapides, le corps un peu en avant ne me fâcherait nullement, pourvu que je voie une liaison parfaite de toutes les parties du cavalier, depuis la ceinture jusqu'en bas, que ces parties ne forment avec le cheval qu'un seul et même tout et qu'elles ne contrarient en rien ses mouvements.

Je maintiens donc que toute manière de monter à cheval qui n'est pas prise dans la nature, ne tend pas à former du cavalier et du cheval un tout parfaitement harmonique, est vicieuse et mauvaise.

Mais, me dira-t-on, tous les Orientaux n'embrassent leurs chevaux que par les jambes et sont assis sur leurs selles comme sur une chaise. Cette manière serait, sans contredit, la plus commode si elle avait de la solidité. Elle ne peut en avoir et le cavalier perd toutes aides nécessaires à conduire son cheval.

Ils courent le corps en avant ! Toutes ces raisons ne peuvent m'en imposer. Ils n'ont pas fait plus de progrès dans l'équitation que dans les autres arts. D'ailleurs, j'ai les lois de la mécanique et de l'équilibre pour prouver ce que j'avance et ces lois sont pour tous les pays.

J'ai prouvé, dans ce qui précède, que la manière anglaise était contraire à l'emploi des forces du cavalier, contraire à celles du cheval, puisqu'elle gêne ses mouvements, contraire à sa grande vitesse, puisque les mouvements du cavaliers en retardent la célérité par la désunion des deux corps. Je dis, maintenant, qu'elle est contraire à la sûreté de l'homme.

Tous corps, qu'on veut essentiellement unir avec un autre corps de même espèce, doivent l'être par leur centre de gravité ou du moins par des points qui s'en éloignent le moins possible. Plus ces points sont éloignés, plus il faut de force pour les unir. Or, l'homme et le cheval ont un centre de gravité comme tous les corps. Plus ces deux centres se rapprocheront, plus il y aura de solidité, plus il y aura d'union. D'après ce principe, qu'on ne peut contester, il est clair : 1° que la manière d'équiter des Anglais éloigne les deux centres de gravité des deux individus ; 2° que la désunion, qui doit s'en suivre, ne fait qu'augmenter l'incertitude des deux corps et tendre, soit à leur chute, soit à une fatigue excessive et plutôt à celle de l'homme qu'à celle du cheval, parce que ce dernier est le plus fort : donc, le cavalier a moins de solidité.

Quant à la grâce et au bon air, que j'ai réservés pour les derniers, ils sont, je crois, à préférer, lorsque des obstacles d'utilité ne s'y opposent pas ; il est reçu de toutes les nations que tout homme qui se présente, soit à pied, soit à cheval, avec une noble liberté de ses mem-

POSITION DU CAVALIER A CHEVAL

bres, avec l'aspect que la nature lui a donné, sans se courber ni se renverser, sera vu avec plus de plaisir que ceux dont les contorsions du corps les cachent en partie et font plutôt voir, à cheval, un singe qu'un homme.

Je conclus que les courses, devenues à la mode parmi nous, ne sont d'aucune utilité, qu'elles ne sont qu'un jeu pour les grands seigneurs, et que les haquets sont comme le valet de carreau, qui leur fait perdre ou gagner, par hasard, mille louis.

Elles ne peuvent pas être plus utiles à un haras. Mais cette partie peut être traitée par M. de Bourgelat, dont les lumières et les connaissances peuvent, avec succès, démontrer l'inutilité des courses par rapport aux haras et à l'équitation même, s'il voulait s'en donner la peine. Il serait à désirer qu'il le voulût, personne n'étant plus capable que lui de démontrer au public l'absurdité de croire que les courses influeront sur les haras et sur l'équitation. Je me garderai, pour lors, de présenter ce faible mémoire à mes compatriotes, persuadé qu'ils en auraient un bien meilleur de la part de M. de Bourgelat. Cela m'enlèverait, avec peine, la douce satisfaction de dire publiquement que si j'ai quelque connaissance en fait d'équitation, c'est à M. de Bourgelat que je la dois. Ce sont ses ouvrages qui ont fait tomber le bandeau que j'avais sur les yeux, qui m'ont tiré du labyrinthe où j'étais, qui m'ont redressé, car je marchais bien de travers. Je lui en marque ma reconnaissance avec le plus grand plaisir.

VII

EFFETS DES JAMBES SUR LA MASSE.

Dans les *Principes d'équitation,* le chevalier de Boisdeffre a fait ressortir la simplicité de ceux sur lesquels reposait la méthode du maître, montré qu'ils permettaient de faire passer, en peu de temps, le cavalier dans les rangs de l'escadron où il pouvait prendre, de suite, part aux manœuvres. Mais il n'a pas insisté sur les études constantes de M. d'Auvergne sur l'anatomie, pour arriver à établir d'une manière scientifique l'union de l'homme et du cheval et donner à son enseignement une base irréfutable au point de vue mécanique.

Quand on lit le résumé de ces leçons si claires, à la portée de toutes les intelligences, on ne peut jamais croire que l'écuyer en chef de l'École militaire pâlissait sur les livres pour établir un corollaire de la science à appliquer à la démonstration de la position de l'homme à cheval, avec effets des jambes et des rênes. Aussi, l'un des charmes que l'on a éprouvés en lisant les mémoires, que l'on a consultés dans le volumineux dossier inédit qui se trouve à la bibliothèque du Ministère de la guerre, c'est de pouvoir se rendre compte du travail de cabinet d'un écuyer qui, dans son enseignement, n'a jamais cherché à faire preuve d'une érudition scientifique, qu'il savait n'être pas à la portée de ses élèves. La Guérinière exigeait des *aides secrètes,* de façon que le spectateur ne vît pas les mouvements de la main ou des jambes de l'homme. M. le colonel d'Auvergne, dans sa grande modestie, gardait le secret de ses aides, que l'on peut appeler intellectuelles, pour donner au cavalier les moyens de diriger son cheval dans toutes les directions et à toutes les allures.

Dans ce chapitre, on trouvera la preuve indiscutable des travaux continuels auxquels se livrait l'élève de M. de Lubersac, qui ne manque jamais une occasion de rendre un éclatant hommage à l'enseignement du maître, enseignement dans lequel il a puisé, non seulement la science et le savoir, mais encore su imiter sa modestie.

On ne peut, à ce propos, passer sous silence une lettre de M. de Lubersac, qui se trouve dans les manuscrits de la bibliothèque du Ministère de la guerre. C'est une réponse, adressée le 28 octobre 1753, à M. de Moustier, mestre de camp du régiment de ce nom, qui lui avait demandé quelques éclaircissements sur la nouvelle instruction de la cavalerie :

Quant à la méthode qu'il faudrait employer pour cela et que vous désirez voir en écrit, je me donnerai bien garde d'en mettre au jour aucune : 1° pour n'être pas assuré d'y réussir ; 2° pour que le ministre ni la cavalerie n'ayent pas à me reprocher de me mêler de choses dont on ne me charge pas. Au reste, je suis bien fâché que les occupations que me donne notre école ne me permettent pas de réduire en une seule page les neuf que je vous écris, d'autant que je suis peu excusable de vous écrire si longuement sur un point que je n'éclaircis pas, mais au moins verrez-vous que j'en ai la volonté.

A propos des effets des jambes sur la masse, M. d'Auvergne dit :

La matière que je vais traiter est absolument neuve en équitation. Elle en fait le fondement, et de ce premier principe coulent absolument tous les autres. J'ai erré, comme bien d'autres, en pratiquant la science de l'équitation. J'ai tâtonné, fait bien des essais qui ne m'avaient conduit qu'à une routine qui ne satisfaisait pas mon esprit, Mais, sitôt que j'eus adapté au cheval la loi du mouvement de tous les corps, tout m'a paru démontré, la lumière a succédé aux ténèbres dont j'étais environné.

J'avouerai, cependant, que je dois en partie cette découverte à M. de Lubersac, mon maître, qui joignait à un esprit juste et sain les qualités militaires d'un ancien officier général et les talents supérieurs de l'équitation. Entre autres choses, qu'il essaya pour déterminer les parties de cette science, il fit construire à l'École des Chevau-Légers, qu'il commandait avec succès, un cheval de bois de grandeur naturelle. Il fit élever sur le milieu de la croupe une verge de fer perpendiculaire à l'horizon, une pareille verge sur le garrot. Il nous faisait monter sur ce cheval de bois. L'homme était alors au milieu de ces deux verges qui se trouvaient dans un plan perpendiculaire à l'horizon. Dans cette position, un instructeur à pied, se mettant soit derrière la croupe du cheval de bois, soit devant, faisait placer l'homme de monière que les verges partageassent bien également la tête, les épaules, les reins et les fesses, ce qui faisait que le plan, dans lequel se trouvent les deux hanches de l'homme, était perpendiculaire à celui dans lequel se trouvent les deux verges de fer. Quelques connaissances mécaniques me firent apercevoir que la ligne perpendiculaire, que forment les deux plans en se coupant, devait passer par le centre de gravité du cheval. Cette réflexion m'amena à adapter à tous les corps animés la loi générale de tous les corps inanimés qui ne peuvent se mouvoir que par leur centre de gravité. J'essayai sur moi-même la vérité de ce principe. Je sentis que mes jambes n'étaient point faites pour mouvoir mon corps, qu'elles ne lui servaient que de soutien. J'essayai le même principe sur le cheval. Je fus bientôt convaincu que ses jambes, comme celles de l'homme ne servaient qu'à soutenir sa masse, et qu'il y avait une loi de mouvement que je ne savais fixer. L'anatomie, à laquelle j'ai travaillé sous le célèbre Lafosse, me la fit bientôt trouver. En disséquant avec lui, nous remarquâmes autour du thorax des muscles courts et forts qui, par leur situation, ne coopèrent point au mouvement des os. Nous fûmes bientôt convaincus qu'ils n'existaient que pour le transport du thorax dans tous les sens possibles. J'ai ensuite suspendu des chevaux. Je me suis démontré que leur centre de gravité et de pesanteur existait au milieu du thorax. J'ai fait les mêmes expériences sur l'homme, dont la position sur l'horizon est verticale et contraire à celle du cheval, qui est horizontale. J'ai trouvé le centre de gravité de l'homme au milieu des os des ischions (d'où part le principe de son mouvement) qu'on appelle la ceinture. En effet, qu'un homme se mette le dos collé contre un mur, qu'il remue les jambes tant qu'il voudra, il ne changera pas son corps de position. S'il veut lui en faire changer, il ne le peut qu'en portant en avant son centre de gravité ou sa ceinture, qui détermine tout le haut du corps. Les jambes, alors, sont obligées de venir au secours du corps ou de la masse, sans quoi l'homme tomberait. C'est, en effet, ce qui nous arrive quand nous faisons quelque chute. La cause en est toujours que les jambes n'arrivent pas assez à temps au secours de la masse. Un cul-de-jatte, qui n'a ni cuisses ni jambes, transporte le tronc de son corps dans tous les sens possibles. Il ne le peut que par les moyens que je viens d'indiquer. Qu'on réfléchisse, d'après cela, aux principes de la marche que l'on donne à toute l'infanterie de l'Europe, de faire commencer la marche par le mouvement des jambes.

Nous avons poussé nos recherches plus loin. Nous avons disséqué des animaux volatiles. Nous avons trouvé le thorax, qui est leur centre de gravité, garni de muscles bien plus considérables en porportion de ceux des animaux terrestres. L'aigle, qui s'élève si haut, en a de très courts et très gros. Leurs ailes ne leur servent que de soutien dans l'air, et le mouvement est fait par la masse. Tous les animaux sont donc assujettis à la loi des corps inanimés, qui ne se meuvent que par leur centre de gravité, à moins que l'on n'emploie des forces extrêmes pour les mouvoir.

D'après cette loi, incontestablement vraie, nous verrons combien tous les auteurs de cavalerie ont erré dans les principes d'équitation qu'ils ont donnés. Entrons en matière pour déterminer l'effet des jambes sur la masse.

Le cheval bien conformé doit avoir le corps parallèle à l'horizon. Le cavalier doit être placé sur le cheval de manière que la ligne où se rencontre son centre de gravité se trouve en ligne droite avec celle qui rencontre le centre de gravité du cheval. Cette position charge également le cheval, ce qui n'est pas un petit avantage. Les cuisses de l'homme embrassent le cheval dans leur longueur et le plus verticalement que le cavalier peut le faire, sans soulever ses fesses. C'est ce qui forme son assiette conjointement avec ses fesses. Les jambes, qui doivent être une partie mobile, doivent être suspendues, sans aucune force, au bout des genoux, et tomber entre l'épaule et le ventre du cheval, ce qui les met à peu près au centre du thorax, sur lequel leurs opérations doivent agir.

On dit qu'un cheval est droit quand ses épaules et ses hanches sont sur la même ligne.

L'action, que cet animal fait avec le plus d'aisance et pour laquelle il a le moins besoin d'être provoqué, est celle de se porter en avant. Tout concourt chez lui pour ce mouvement, le plus fréquent et le plus utile de ceux qu'il peut exécuter. Le plus léger effet des jambes l'y détermine, même souvent un appel de langue, un mouvement du corps, quelquefois une saccade de bride, comme aux chevaux de poste, produisent le même effet. Mais ces moyens ne peuvent être employés dans la cavalerie, ni dans une bonne équitation. Cet animal s'accoutume à tous les signes que la patience de l'homme peut employer. Mais tous ces petits moyens ne détourneront jamais les hommes sensés des vrais principes d'équitation.

Nous avons défini ce qu'était un cheval droit. Il en existe peu. L'homme de cheval, avec toute la perfection de l'art, passe sa vie à corriger cette imperfection, je ne dirai pas de la nature, mais des positions que l'animal prend souvent de lui-même ou que l'homme lui donne, soit en le montant, soit en lui rendant tous les services dont il ne peut se passer, comme de lui donner à boire et à manger, de le panser, de le conduire en main, soit enfin en le sellant, en le bridant. Dans toutes ces opérations, l'homme aborde toujours le cheval à gauche. Son mouvement naturel est de regarder celui qui l'aborde. Il y tourne la tête, près de l'encolure à gauche, et ses épaules se portent à droite. Ce mouvement fait que les muscles, de ce côté, sont plus assouplis ; au contraire, ceux de la partie droite, qui sont en contraction, se ramassent et ont plus de peine à s'assouplir. Toutes ces raisons font qu'il n'existe presque point de chevaux parfaitement droits. L'on pourrait encore remonter plus loin et ajouter aux causes que nous venons de détailler, que le poulain, dans le ventre de sa mère, a l'encolure plus à gauche et la tête tellement amenée de ce côté qu'elle touche l'épaule gauche. Il n'y a point de remède à ce procédé de la nature, mais il y en a pour les autres inconvénients détaillés plus haut. C'est d'avoir des palefreniers assez adroits pour aborder toujours un cheval à droite, le seller, le brider, lui donner à boire et à manger de ce côté. La place dans l'écurie y fait encore beaucoup. Si la porte est à gauche du cheval, il regardera presque toujours de ce côté. Si le coffre à avoine est du même côté, il produira le même effet. Nous avons employé les moyens contraires avec le plus grand succès. Des chevaux dont les épaules tombaient absolument à droite, nous les avons vus, en peu de temps, les porter à gauche, même quelquefois de trop. Tous ces moyens sont si minutieux, qu'il est impossible de les employer dans les grandes écuries, et qu'ils ne peuvent guère être mis en pratique que par des particuliers.

Si le cheval est droit, le cavalier, en fermant également ses deux jambes, lui fera parcourir une ligne droite ; mais, si l'épaule du cheval tombe à droite, la tension du centre de gravité de ce côté déterminera toute la machine à se porter un peu à droite et à s'écarter de la ligne droite que le cavalier voulait parcourir. Alors ce dernier y remédiera : en observant de mettre son cheval droit avant de le faire cheminer par un effet de rêne gauche et, en même temps, un effet de la jambe droite entre l'épaule et le ventre et vis-à-vis le centre de gravité. Si le cheval a contracté l'habitude de laisser tomber son épaule à droite, malgré les soins du cavalier de l'avoir mis droit avant de le faire marcher, au bout de quelques pas l'épaule se rapportera à droite et l'animal sera de travers. Si le cavalier veut, à chaque instant, ramener cette masse, il ralentit nécessairement l'allure de son cheval et même il le tracasse. Les leçons particulières peuvent seules corriger ce défaut. L'on ne peut disconvenir des avantages d'avoir un cheval qui chemine sur une ligne droite : 1° il est plus en forces ; 2° dans les manœuvres de cavalerie, cela est essentiel pour les points de vue et pour les directions perpendiculaires. Il faut dire, cependant, que les chevaux de médiocre espèce, tels que ceux de cavalerie, de voiture et de roulage en général, se maintiennent plus droits que les chevaux frais.

Il y a des auteurs, tels que Borelly, qui ont prétendu que les quadrupèdes, par leur construction, ne pouvaient jamais cheminer droit. Cette assertion est fausse.

Quoique le défaut, dont nous avons parlé, existe moins dans les chevaux lourds et pesants, il est pourtant bon que quiconque veut approfondir son art, connaisse les moyens de remédier à des inconvénients sur des chevaux fins, en se servant des leçons particulières pour enrayer ce défaut. Les manèges y sont très propres, parce que les murs contiennent et empêchent l'animal de s'écarter de la ligne droite. Outre les moyens que nous avons indiqués, de la rêne gauche et de la jambe droite, le cavalier, en marchant à gauche, dans le manège, se servira d'un moyen excellent pour corriger ce défaut. Le voici :

La tête de l'animal, amenée à droite ou à gauche, forme contre-poids avec les jambes, c'est-à-dire que sa tête, amenée à droite, force les épaules à se jeter à gauche, et *vice versa*. La tête, amenée à gauche, force ou détermine les épaules à droite. Ce contre-poids de la tête et des épaules est précisément celui qu'un homme, qui porte un fardeau derrière les épaules, est obligé de prendre en mettant les épaules en avant pour faire contre-poids avec le fardeau qu'il porte. S'il le porte en avant, comme une femme enceinte, il est obligé de jeter les épaules en arrière. On pourrait dire, puisque la tête, amenée à droite, oblige les épaules à se porter à gauche, pourquoi ne pas se servir de ce moyen en marchant à droite pour redresser les épaules ? Je répondrai que l'animal ayant contracté l'habitude de laisser tomber les épaules à droite, les muscles de l'encolure de ce côté n'étant point habitués au pli, sont raides. Cette raideur s'oppose absolument aux effets que le cavalier met en usage pour amener la tête à droite. Le moyen de prendre l'animal à gauche, dans le manège, donne, à cause du mur, plus de facilité pour lui amener la tête à droite en peu de leçons. L'animal l'y amènera assez facilement, parce qu'alors il est obligé de jeter ses épaules à gauche. Cette leçon répétée, et surtout au pas, est le meilleur de tous les moyens pour redresser les épaules d'un cheval et lui assouplir l'encolure.

La leçon des hanches au dehors est encore excellente pour redresser les épaules d'un cheval, mais d'une difficile exécution. Le cavalier, s'il ne connaît pas bien cette leçon, peut faire défendre son cheval et même l'estropier en lui faisant pousser des vessigons et des éparvins. La position du cavalier sur son cheval contribue encore à lui jeter les épaules à droite. S'il est penché à gauche, sa cuisse gauche, chargée du poids du corps, pousse l'épaule de son cheval à droite et, pour peu qu'il en ait l'habitude, il cheminera absolument de travers. Ce défaut est général à presque tous les hommes qui montent à cheval.

L'habitude généralement observée de monter à gauche contribue encore à jeter les épaules du cheval à droite. Il serait très aisé et même très utile pour un homme de guerre de monter indifféremment à droite et à gauche.

Les mouvements en airs de manège, où les effets des jambes influent le plus sur la masse, sont donc ceux des hanches en dehors, de voltes renversées, de tours de voltes, de la croupe en dedans du cercle, des pas de côté sur la même ligne qu'on appelle en terme de manège *tête au mur* ou *croupe au mur*. C'est dans ces mouvements qu'il est essentiel de bien connaître ce que c'est que le centre de gravité du cheval, parce qu'il doit toujours commencer le mouvement. En conséquence, les effets des jambes ne doivent opérer que sur le centre de gravité. Si les jambes portaient leurs effets plus en arrière, elles détermineraient l'arrière-main et le centre de gravité ne cheminerait qu'avec peine. L'animal s'y refuse et se défend. Alors il chemine, ce qu'on appelle le cul le premier ou en dedans. Ce défaut est connu de tous les maîtres en équitation.

Ils ont si bien senti la nécessité de faire cheminer le centre de gravité le premier (qu'ils n'ont entendu que sous le nom d'épaules), qu'ils recommandent sans cesse à leurs écoliers de porter la première cette partie qui est bien près du centre de gravité. C'est aussi par suite d'un certain tact acquis par l'habitude et la réflexion, qu'ils ont prétendu avec vérité qu'un cheval de manège ne devait être mené que dans la jambe du dedans ou par la jambe du dedans. En effet, la muraille empêchant le centre de gravité de s'échapper au dehors, la jambe de ce côté n'a nulle opération à faire. Il n'y a donc que celle du dedans qui doit opérer. Dans le mouvement des hanches en dehors, ou voltes renversées, la jambe de dehors n'a de même aucune opération à faire. Dans les tours de voltes, la croupe au mur, la jambe du dehors doit opérer vis-à-vis du centre de gravité pour le déterminer. Mais quand l'animal, par la souplesse et l'habitude, a pris l'usage de ces différents airs de manège, le cavalier ne fera presque plus d'effets de la jambe du dehors, et la jambe du dedans lui servira presque seule pour contenir le centre de gravité qui tend toujours à s'échapper du côté où l'on chemine.

D'après ces principes, il est aisé de reconnaître l'absurdité des leçons qu'on a données depuis vingt ans dans nos manèges militaires, où l'on avait grand soin de faire tendre les cuisses à outrance et de fermer les jambes le plus possible en arrière, sous prétexte de donner plus d'action à l'arrière-main qui, selon ces instructeurs, chasse l'avant-main en avant. Nous dirions de même qu'il n'y a pas plus de science à faire fermer ces mêmes jambes en arrière pour contenir la croupe du cheval sur la ligne des épaules. Ces opérations ne peuvent avoir lieu que quand l'animal est en place, qu'il porte sa croupe à droite ou à gauche ; le cavalier ne peut déranger les épaules à cause de son alignement ; il est donc obligé de fermer la jambe en arrière pour redresser la croupe ; pour ce cas, elle passe toujours par le chemin des épaules. Ces deux parties sont unies par la colonne vertébrale, qui fait l'effet d'un brancard d'une voiture à quatre roues, qui attire les roues de derrière à celles du devant, et fait que ces premières passent exactement par où passent les roues de devant.

Les effets des jambes sont encore bien nécessaires pour soutenir un cheval que le défaut d'aplomb ferait tendre à tomber, et les chevaux dont les jambes de devant ne sont pas bonnes ; en se fermant, et même jusqu'à l'éperon, elles raniment les forces de l'animal et souvent l'empêchent de tomber.

Je ne m'étendrai pas davantage sur les effets des jambes. J'ajouterai qu'elles ne doivent faire aucune opération, sans que le cavalier n'en fasse une de la main qui tient la bride, comme il ne doit faire aucune opération de cette dernière, qu'elle ne soit accompagnée d'une opération des jambes. C'est avec la pratique qu'on sent la nécessité du secours de l'un et de l'autre.

J'ajouterai encore que nous sommes bien éloignés de penser que toutes les finesses d'opérations, que nous venons de décrire, soient absolument nécessaires à une troupe de cavaliers dont l'espèce de chevaux n'est pas susceptible de mouvements fins. J'en excepte cependant deux corps bien précieux, les gardes du corps et la gendarmerie, plus propres par beaucoup d'intelligence et des chevaux plus fins à une équitation fine et délicate. Mais, nous dirons que pour toute espèce d'instructeurs la pratique et la théorie ne peuvent être poussées trop loin, ainsi que pour ceux qui veulent acquérir la réputation de bons officiers de cavalerie.

VIII

DES EFFETS DE LA BRIDE.

Dans ce chapitre, comme dans le précédent et celui qui a rapport à l'union mécanique de l'homme et du cheval, on trouve toujours la préoccupation de l'auteur en ce qui concerne l'établissement de sa méthode sur des données scientifiques. Il fait preuve d'une grande connaissance de l'anatomie et démontre mathématiquement, mécaniquement si l'on préfère, les effets de la bride, qui ne peuvent s'obtenir d'une manière pratique qu'à la suite d'assouplissements de l'encolure, d'une connaissance exacte de l'embouchure du cheval.

Depuis que les hommes ont su asservir le cheval à leurs exploits militaires, aux besoins de l'agriculture, aux plaisirs de la chasse, etc., etc., ils ont imaginé tout ce qui pouvait les rendre maîtres d'un animal aussi fort, aussi courageux, aussi fougueux. C'est en vain que le célèbre M. le comte de Buffon nous le peint comme l'ami de l'homme, partageant avec nous nos dangers, nos plaisirs, nos besoins. Volontairement, il ne se prête point à ces différents usages. Il n'y a que notre intelligence qui le force à nous prodiguer tous les services que nous obtenons de lui.

D'après cette vérité, l'homme a imaginé tout ce qui pouvait le dompter. C'est en vain que les historiens nous peignent les Numides conduisant leurs chevaux sans aucunes machines adaptées, soit à la tête de l'animal, soit dans sa bouche. Homère parle d'un frein dont la cavalerie thessalienne se servait pour conduire les chevaux. Quel est ce frein? Il ne le dit pas, mais il donne à entendre une invention qui les rendait maîtres de leurs chevaux. Nous ne connaissons pas celle des Grecs; celle des Romains nous est connue d'après les bas-reliefs qui sont sur la colonne Trajane, où les chevaux ont une espèce de mors dans la bouche. Ovide nous peint les chevaux, qui conduisent le char du Soleil, avec un frein dans la bouche. Il parle même des effets des rênes. Neptune est, de même, représenté conduisant ses chevaux avec un frein et des rênes. Pluton de même. Mieux que tous ces exemples, l'expérience nous démontre que l'homme ne peut se rendre maître d'un cheval sans quelque frein ou invention quelconque adaptée soit à la tête, soit dans la bouche de l'animal.

Les Napolitains, nos premiers maîtres en équitation, imaginèrent le caveçon et la bride. Ils se servaient du caveçon pour dresser leurs chevaux, et de la bride quand ils étaient dressés, conservant toujours le caveçon pour s'en servir dans le besoin. Notre gendarmerie conserva longtemps cette façon. Les Espagnols, les Polonais s'en servent encore. Les Français l'ont complètement abandonné pour ne se servir que de la bride seule avec le bridon. Ce dernier est de nouvelle invention. Il ne prend son origine que depuis 1730. C'est une des meilleures découvertes. Il met le cavalier dans le cas de ménager son cheval en s'en servant alternativement avec la bride. Les régiments de cavalerie l'ont à peu près condamné, sous prétexte que, quand le cavalier a le sabre à la main, il ne peut en faire usage et qu'on craint qu'il n'en contracte l'habitude. Les effets du bridon sont si salutaires à entretenir la sensibilité des barres, que, bien loin d'adopter la maxime de la cavalerie, on devrait lui en faire faire le plus fréquent usage dans les manœuvres où le cavalier est obligé d'avoir le sabre à la main. On ne devrait pas même blâmer un cavalier dont le cheval, pendant les manœuvres, aurait perdu toute sensibilité, au point de perdre toute obéissance, de se servir du bridon quoique ayant le sabre à la main. Souvent un cheval, dans cet état, est retenu, même arrêté par le seul effet du bridon.

Je prendrai, pour démontrer les effets de la bride, un cheval bien conformé et surtout dont la tête soit bien perpendiculaire à l'horizon. Tout le monde connaît les différentes parties d'un mors. Elles varient, dans l'embouchure et dans les branches, pour obvier aux défauts qui peuvent se rencontrer, soit dans la bouche de l'animal, dans la mauvaise construction de sa tête, dans celle de l'encolure, et même dans celle des reins et des jarrets. Nous nous appliquerons donc aux effets de la bride sur un cheval bien conformé, qu'on aura mis en état de répondre, par le moyen des rênes, au mouvement de la main du cavalier. Deux principes incontestables en équitation sont : 1° d'approcher les jambes pour porter le cheval en avant, sans que la bride fasse effet ; 2° de ne se servir de la bride que quand on veut le ralentir ou l'arrêter, sans aucun effet des jambes. Dans ce dernier cas, la main du cavalier doit faire faire une tension égale des deux rênes jusqu'à ce qu'il ait obtenu, ou le ralentissement qu'il désire, ou l'arrêt qu'il avait projeté. Dans ce mouvement, l'effet du mors sur la sensibilité des barres fait faire à la tête de l'animal un mouvement de flexion en arrière pour se soustraire à la douleur que lui imprime le mors. Cette tête, rejetée en arrière, se trouve en opposition avec l'encolure qui, elle-même, se trouve en opposition avec la masse, ce qui opère le

ralentissement ou la cessation du mouvement (qu'on appelle arrêt).
Ces effets sont plus clairement démontrés par les effets des muscles.
La tête en est pourvue pour la porter en avant, d'autres pour la fléchir.
L'encolure est pourvue aussi de muscles, qui produisent les mêmes
effets. La masse ou le centre de gravité du cheval, ou bien encore ce
qu'on appelle le thorax, a aussi de forts muscles qui ont aussi les
mêmes effets de porter en avant et de ralentir. Or, l'impression du
mors ayant fait cesser les effets des muscles extenseurs de la tête pour
mettre en jeu les fléchisseurs, produit ce même effet à ceux de l'encolure, et ces derniers à ceux de la masse. C'est par ce moyen que
s'opère le ralentissement ou la cessation de mouvement de l'animal.
Les opérations de la main pour opérer les effets diffèrent suivant la

ÉCOLE MILITAIRE

conformation de la tête du cheval. Plus le cheval aura, ce qu'on appelle
le nez en avant, plus il faudra que l'effet de la main se fasse en bas
pour donner le plus possible aux rênes la direction qui approchera le
plus possible de la parallèle à l'horizon. Si, au contraire, l'animal
porte la tête basse, ou ce qu'on appelle s'encapuchonner, il portera la
main en avant pour donner aux rênes la direction la plus verticale.

M. Bez, professeur de mathématiques, homme aussi recommandable
par son savoir que par ses vertus, a donné une démonstration mécanique des effets de la bride, avec une table. Cette démonstration est
insérée dans le tome 18 de la nouvelle édition de l'*Encyclopédie*,
page 221.

Non seulement la bride sert au cavalier à ralentir et à arrêter son
cheval, mais elle sert aussi d'avertissement à l'animal pour se tourner

à droite ou à gauche, ou le diriger sur les lignes obliques que le cavalier veut lui faire parcourir. Ce dernier ne peut exécuter ces opérations sans le secours des effets de ses jambes. Le cavalier veut-il tourner son cheval à droite, il doit porter sa main en avant et à droite, en sentant plus fortement la rêne droite que la rêne gauche. La rêne droite faisant plus d'efforts, la partie droite de l'embouchure fera plus d'impression sur la barre droite de l'animal, et lui indiquera de tourner à droite, aidé par un léger effet de la jambe droite du cavalier; je dis léger, parce que le cheval, pour tourner à droite, doit changer la direction de son centre de gravité. Or, si l'effet de la rêne droite n'opérait que le pli de l'encolure de ce côté, et que le centre de gravité ne se déterminât pas à droite, il faudrait qu'il se servît de l'effet de la jambe gauche pour déterminer l'animal à porter son centre de gravité à droite. L'on sent que l'effet de cette jambe gauche ne doit opérer que le moins possible en arrière et absolument vis-à-vis le centre de gravité. Bien des chevaux se défendent pour tourner à droite ou à gauche, souvent par la faute du cavalier, qui fait faire à ses brides de fausses opérations, entre autres sur l'arrière-main, ce qui désole les chevaux et les fait défendre. Une fois cette habitude contractée, il est très difficile de les en corriger; mais c'est en général la faute du cavalier, qui ne sait pas que l'animal ne peut se mouvoir que par son centre de gravité, comme tous les autres corps; c'est une loi du mouvement. Faute de connaître cette loi, l'on ne peut parvenir à un certain degré dans l'équitation.

Les effets de la bride, pour tourner un cheval à droite, tiennent encore à une infinité de petits mouvements, soit d'opération des rênes, soit d'opération des jambes, que l'on peut déterminer. Elles tiennent au tact, à une fréquente habitude du cheval, que la théorie doit toujours garder. Vouloir tout démontrer dans un art est une chose absurde. Il faut que la pratique ait ses avantages, quand elle est conduite par des principes généraux. Les opérations de la bride pour tourner à gauche étant prises en sens contraire, sont les mêmes que pour tourner à droite. Il nous reste à parler des opérations pour conduire le cheval sur des lignes obliques.

Nous observerons, avant de les traiter, que ces opérations ne peuvent obtenir de réussite que quand l'animal a été un peu dressé. On commence, comme tout le monde sait, à le monter avec un bridon pour l'accoutumer aux effets d'un morceau de fer dans la bouche. La bride le désole toujours dans les commencements. Le bridon, qui a beaucoup moins d'effet, qui en fait plus sur les lèvres que sur les barres, donne plus de facilité au cavalier pour le tourner à droite et à gauche, parce que, ayant une rêne de bridon dans chaque main, il peut, en ouvrant l'une ou l'autre de ces rênes, faire comprendre à l'animal que c'est pour le tourner à droite ou à gauche. Cette opération attirera la tête de l'un ou de l'autre côté ; au lieu que les effets de la bride, dont les rênes sont réunies dans la main gauche, ne permettent que peu d'ouverture de ces rênes et font que leurs effets tendent plutôt à arrêter le cheval qu'à le tourner à droite ou à gauche, ce qui fait que, dans les commencements, les chevaux ont beaucoup de peine à souffrir les effets de la bride, qu'ils s'y défendent et qu'on en ruine beaucoup en n'apportant pas une extrême patience. Il faut beaucoup de temps pour faire connaître les effets du mors à un cheval. Le plus ou moins de temps tient au degré de force de l'animal. S'il est trop faible pour ne pouvoir se passer du soutien de la bride, c'est en vain que, pendant le temps qu'il s'appuiera dessus, vous chercherez à le faire obéir aux rênes, dont les effets dépendent encore de l'assouplissement de l'encolure. Toutes les fois que les muscles de cette partie seront raides, l'on ne peut espérer d'opérations certaines des effets du mors.

Mais, nous dira-t-on, il faut donc passer sa vie à lui faire connaître les effets des rênes, à assouplir l'encolure ? La nature a fait l'animal pour nous servir sans avoir recours à ces précautions. Je répondrai : Oui, si l'on ne veut courir aucun danger, surtout un jour de combat. Vous engagez bien un homme en Languedoc, vous le faites parvenir à son régiment qui est à 155 lieues de là. Il fait cette route à merveille. Arrivé au régiment, un bas-officier s'en empare. La première chose qu'il lui dit c'est qu'il ne sait pas marcher. Souvent le bas-officier ne pourrait faire la route que la recrue vient de faire. Malgré cette hypothèse, le bas-officier a raison. La recrue a besoin d'apprendre à marcher : il a besoin d'assouplir tous ses membres pour manier son fusil, le cavalier pour manier son sabre. Si le cheval n'était destiné qu'à aller toujours au pas et sur des grandes routes, comme tous ceux destinés à l'agriculture ou au roulage, l'on n'aurait pas besoin de toutes ces précautions. Mais l'homme, en en destinant une partie à la guerre, à la chasse, à ses plaisirs et en exigeant ces services pour lesquels la nature ne les a point formés, est obligé d'employer un art très savant pour les y contraindre. C'est en vain que nos innovateurs du jour prétendent que les principes sont trop longs à mettre en usage pour une troupe à cheval, qu'une pratique journalière, une routine mènent plus promptement au but que les principes. Quelle absurdité ! Quelle ignorance ! L'art de l'équitation mène à la science des manœuvres, il en est la base. Un officier de cavalerie ne peut être bon manœuvrier s'il ne possède l'équitation. C'est un axiome. Je me garde bien de parler des manœuvres de la guerre. Elles appartiennent aux généraux qui commandent les armées, qui font mouvoir, par le grand art de la guerre, des masses énormes de cavalerie, mais c'est aux officiers particuliers à former tous les individus de ces grandes masses, pour qu'elles exécutent les opérations que le génie du général peut leur commander.

Je me suis écarté de mon objet. J'y reviens. Nous avons parlé des effets de la bride pour tourner un cheval à droite ou à gauche. Ceux pour les conduire sur des lignes obliques sont assujettis au même principe, il n'y a de différence que dans la modicité des effets de la main. Plus la ligne oblique, que le cavalier veut faire parcourir à son cheval, approche de la ligne droite sur laquelle il est, moins il doit faire d'effet de la main et de la jambe pour l'indiquer à son cheval ; plus, au contraire, la ligne oblique s'écarte de la ligne droite sur laquelle il est, plus il doit faire d'effet de la main et de la jambe, en suivant les mêmes principes que pour tourner à droite et à gauche, en observant toujours de déterminer le centre de gravité sur la ligne que le cavalier veut lui faire parcourir. Une observation bien essentielle, c'est que la rêne opposée ne détruise pas l'opération de la rêne que l'on met en jeu, l'animal ne sait alors à laquelle obéir. C'est ce qui fait que la main du cavalier qui tient la bride, ne peut être immobile, comme le veulent quelques praticiens. Elle ne peut, à la rigueur, être immobile qu'en parcourant des lignes droites. Toutes les fois qu'on en sort, il faut opérer par des mouvements de main plus ou moins grands, suivant le plus ou moins de mouvement qu'on veut obtenir, et que le mouvement de la main soit opéré par tout le bras, et non encore comme l'ont prétendu quelques auteurs, par le poignet seul, d'autres par l'avant-bras seul. Ces mouvements, dans beaucoup de cas, seront insuffisants, surtout pour un homme de guerre, fait pour demander des choses extraordinaires à son cheval.

Les canons du mors ont trois actions principales : la première quand les deux canons du mors forment un égal appui sur les deux barres. On doit se servir de cette opération quand on veut ralentir, reculer, arrêter son cheval. Les seconde et troisième sont opérées par l'appui seul d'un canon du mors sur une barre seule.

L'appui du canon droit sur la barre droite sert à diriger l'animal à droite, quelquefois dans les allures à ralentir la partie droite du cheval, sur laquelle le centre de gravité se serait porté, quelquefois à ralentir le mouvement de ses jambes droites qui voudraient entamer le chemin, pendant que le cavalier veut le faire entamer par les jambes gauches, ce qui arrive souvent quand on embarque son cheval au galop. La partie gauche du canon opère sur la barre gauche les mêmes effets sur la partie gauche du cheval.

En général, sur un cheval un peu mûr, les effets du mors dirigent absolument les effets des jambes de l'animal. Un cavalier, un peu juste à cheval, lui ferait poser tel ou tel pied sur un écu de six livres. Nous ne nous étendrons pas davantage sur cette partie susceptible encore de bien des détails. Nous dirons seulement que le mors est la seule des inventions qui puisse nous rendre maîtres du cheval, que les bridons anglais, les martingales, ne sont d'aucune utilité que pour les jeunes chevaux, que cette manière de ne monter qu'en bridon anglais et tout l'ajustement, met nos jeunes cavaliers dans le cas de faire bien des chutes et de n'être jamais maîtres de leurs chevaux. Grand bien leur fasse. Je prie Dieu qu'il les ait en sa sainte et digne garde !

La connaissance de l'embouchure n'est pas si commune qu'on le pense. Elle tient à bien des rapports que nous avons traités dans une autre partie. Nous nous permettrons seulement de faire quelques observations sur la manière dont la cavalerie française est embouchée. Dans cette partie, comme dans bien d'autres, on a sacrifié le coup d'œil en mettant une uniformité dans les mors qui devraient varier au moins de six manières, tant par rapport aux embouchures que par rapport aux branches. L'on pourrait se rapprocher de l'uniformité en adaptant à chaque cheval le mors qui lui conviendrait. Cela n'est pas indifférent, car tel cheval avec un mors qui ne lui conviendra pas, ne pourra se mener, pendant qu'avec un autre il ira aisément. Nous avons vu de bien mauvais effets de cette uniformité de mors à la revue du corps des carabiniers à Brunoy. Nous sommes peut-être le seul officier qui ait fait cette remarque. Il y avait beaucoup de chevaux dans les manœuvres, dont les carabiniers n'étaient pas les maîtres qui, avec une autre embouchure et des branches différentes, l'auraient été. L'on ne peut disconvenir que cela ne nuise beaucoup à l'ensemble.

IX

MÉMOIRE SUR L'ART DE LA CAVALERIE.

Ce mémoire a été rédigé au sujet de l'instruction des cuirassiers.

Si nous ne le reproduisons pas *in extenso,* c'est que l'on y trouve des détails qui ont été développés, dans les chapitres précédents, sur la position du cavalier à cheval, les effets des rênes et des jambes, etc.

On se contentera d'en donner le préambule et la conclusion.

Je répondrais, Monsieur, avec grand plaisir à la confiance que vous me marquez touchant l'art de la cavalerie, si les observations que j'ai pu faire sur cette partie et l'expérience qu'elles peuvent m'avoir acquise, étaient des titres suffisants pour oser dire tout haut mes sentiments à cet égard.

Beaucoup de gens ont donné des projets là-dessus. Quelques-uns sont reçus. Je dois croire qu'ils le méritent et ce serait marquer trop de présomption que de me mettre à côté de ceux que l'on écoute. Je ne m'aviserai donc point de me donner ce ridicule sans ordre et j'espère, Monsieur, que vous ne regarderez pas comme un refus ma retenue à cet égard. Vous me pardonnerez donc si, au lieu de vous envoyer un plan comme vous le demandez, je me borne à répondre à quelques articles sur lesquels je vous ferai mes observations, que je vous prie de ne regarder que sur le pied que je vous les donne.

Voici la récapitulation de ce mémoire :

Il faut avoir le corps d'aplomb sur les fesses ;
Que les cuisses doivent être bien liées à la selle ;
Que les jambes tombent par leur propre poids ;
Que les étriers soient plutôt trop courts que trop longs, mais surtout chercher le point où chacun en particulier est le plus en force ;
La main gauche bien devant lui sans aucun appui ; que le coude tombe naturellement et que le bras soit bien libre ; que la main droite soit près et à hauteur de la gauche, quand elle ne tient aucune arme, afin qu'elle soit à portée de raccourcir ou d'allonger les rênes, ou pour d'autres usages.

Lorsqu'on se sert de ses jambes, que ce soit par degrés et non par à-coups et que, les ayant approchées, on se retire de la même manière qu'on les a approchées, de même pour tirer la bride et la rendre, le tout par degrés et point par à-coups.

Bien observer de ne faire agir que les parties nécessaires à la chose; car, ce qui empêche les bonnes opérations, c'est quand des parties qui ne doivent pas agir, agissent malgré soi ou sans s'en apercevoir, comme, par exemple, que le corps ne change pas de posture quand on se sert des jambes et des mains et de même que les genoux ne se déplacent pas quand on veut se servir des jambes.

Il est encore bien essentiel de ne pas approcher la jambe droite, si on n'a besoin de n'employer que la gauche et, par la même raison, ne point se servir de la gauche quand on n'a besoin que de la droite, car le cheval n'obéirait pas à ce qu'on souhaite de lui. Il est donc indispensable d'apprendre, à tout homme qui monte à cheval, l'effet que doit produire chaque jambe en particulier et d'accord ensemble.

Il n'est pas moins essentiel de savoir l'effet que produit chaque rêne de la bride et du bridon, car souvent on emploie la gauche quand on devrait employer la droite et, de même, la droite quand on devrait employer la gauche, et souvent les deux quand on ne devrait en employer qu'une. C'est ce qui ralentit l'obéissance du cheval et ce qui le fait défendre. Il est donc indispensable, à tout homme qui monte à cheval, de connaître l'effet des rênes et il faut savoir que la rêne gauche a la puissance de porter un cheval à gauche et de le tourner à cette main et qu'on ne peut l'obliger, de la même rêne, à obéir à droite. Cependant, pour porter et pour tourner un cheval à droite, tenant les deux rênes dans la main gauche, on porte la main à droite, alors la rêne gauche agit plus que la droite et souvent seule. Aussi voit-on bien des chevaux refuser de tourner à droite et qu'on ne peut forcer d'y tourner sans le secours de la rêne droite. On habitue néanmoins les chevaux à tourner à droite en y portant la main, quoique la rêne gauche agisse plus que la droite, mais la difficulté augmente en proportion que la main, en la portant à droite, s'approche du corps, parce que plus elle s'en rapproche, plus elle tire la rêne gauche qui retient le cheval. Il faut donc, en portant la main à droite, la soutenir et l'approcher le moins qu'il est possible du corps et tenir, dans cet instant, suffisamment la main légère pour qu'elle ne retienne pas trop le cheval. Il faut employer le même principe pour tourner le cheval à gauche.

Une raison encore qui empêche un cheval de tourner, par exemple à droite, c'est quand on se sert trop de la main gauche qui, souvent, devient inutile pour tourner un cheval à droite, car c'est la jambe droite qui doit principalement agir pour tourner à droite.

On observera enfin, pour arrêter un cheval, de lever la main en la retirant le plus près du corps qu'il sera possible, afin que les rênes fassent plus d'effet ; mais je demande qu'on élève la main pour éviter qu'elle ne rencontre le corps, ce qui le déplacerait, comme je l'ai dit, et empêcherait que la main ne pût faire tout son effet, ou assez promptement.

Après avoir fait part de ma méthode sur la position du corps à cheval et sur la manière de se servir des jambes et des mains, si vous en apprenez les principes et que vous veuillez les mettre à exécution, il faut commencer par les faire pratiquer sur un cheval de bois, dont la tête puisse se ramener dans la main et tourner à droite et à gauche à volonté.

Il est surtout essentiel d'expliquer les premiers éléments aux commençants avec la plus grande clarté et d'être exact jusqu'au scrupule dans la façon de les leur faire pratiquer sur le cheval de bois, qui doit être rembourré. Le maître fera sentir à son élève si ses mouvements sont vrais ou faux et lui donnera l'habitude de les exécuter dans le vrai. Le cheval n'y sera pas contraire, puisqu'il ne remuera pas, au lieu que celui qui se meut dérange sans cesse par ses mouvements la posture du cuirassier, avant qu'il ait conçu comment il faut être placé et comment il faut faire ses mouvements, ce qui nuit à son intelligence et, par conséquent, à son exécution. Avant donc d'exposer l'élève à cheminer à cheval, ce qui serait lui demander, tout à la fois, qu'il conduisît son cheval, qu'il se plaçât, qu'il fît les mouvements nécessaires, il faut qu'il sache, par théorie, et qu'il puisse exécuter, sur le cheval de bois, ce qu'il doit pratiquer sur les chevaux ordinaires.

Telle est la manière de pratiquer cet art dans ses mouvements, telle est, selon moi, la méthode par laquelle on fait concevoir, en très peu de temps, ce que souvent, par la pratique ordinaire, on ne conçoit pas en toute sa vie.

Et comme conclusion :

Je suis au désespoir, Monsieur, de ne pouvoir mieux remplir votre objet, mais, je vous le répète, cela aurait l'air de me mêler de ce qui ne me regarde pas. Un plan par écrit semble annoncer des prétentions et je me garde du ridicule qu'elles donnent ; de bouche, au contraire, je n'ai rien de caché pour tous les militaires qui me font l'honneur de me demander mon avis. J'entre avec eux, autant qu'ils le désirent, dans tous détails de ce que nous pratiquons et je me livre d'autant plus à leurs questions que je me regarde comme de tous les corps, lorsqu'il s'agit de concourir au bien du service.

Mes occupations ne me permettent pas de rédiger ce détail comme il pourrait l'être ; pardonnez aux répétitions et peut-être aux obscurités que vous pourrez y trouver. Du reste, s'il se trouve des choses que vous n'entendiez pas, faites-y des notes et je ferai en sorte de vous rendre, avec plus de précision et de clarté, les choses qui vous paraîtront devoir être plus discutées ou mieux éclairées.

X

DÉTAIL DE CE QUI SE FAIT A L'ÉCOLE DES CARABINIERS, A LA FLÈCHE.

Le manège a 110 pieds de long et 35 de large.

A sept heures du matin, vingt-quatre hommes en bataille sur deux rangs se trouvent dans le manège et forment une classe qui travaille depuis sept heures du matin jusqu'à neuf. On les fait marcher, huit au trot et huit au galop, après quoi ils défilent tous par la droite ou par la gauche, et on les fait marcher deux au trot et au galop, ensuite quatre font la même manœuvre. Ils font soutenir leurs chevaux par la jambe du dehors, donnant pour raison que dans les tournants la croupe du cheval de dedans jette les autres chevaux dans le mur et blessent les cavaliers. Après cette manœuvre, on les fait reposer. Ce repos est employé à interroger les cavaliers sur les manières de se rompre et de se reformer et, en général, sur toutes les manœuvres et sur la manière dont on doit être placé à cheval. Ensuite on les sépare en deux troupes et on leur fait mettre les hanches en dehors, la tête au mur, se remettre en bataille, pied à terre et défiler pour s'en retourner mener leurs chevaux par la bride aux écuries.

De neuf heures à onze heures, vingt-quatre autres carabiniers viennent faire les mêmes manœuvres.

De onze heures à une heure de l'après-midi, vingt-quatre officiers viennent faire un manège, qu'ils appellent manège de guerre, ou manège militaire. Ils se rangent en entrant sur deux rangs, marchant huit au passage au trot et quatre au galop, montent deux chevaux de cette sorte, et font les mêmes manœuvres que les vingt-quatre carabiniers et on les interroge de la même manière.

Ces trois classes de manège doivent produire un effet merveilleux dans l'escadron, les hommes sont bien placés à cheval. On trouve seulement trop de force et de raideur, peu de liaison de toutes leurs parties avec celles de leurs chevaux. Cette trop grande raideur les fait mettre sur le ventre, et ils y sont bien un peu. On travaille beaucoup pour la grâce de l'homme et peu pour sa solidité.

Il y a quelques principes faux, comme ceux de redresser les hanches des chevaux avec les jambes, de soutenir les chevaux en tournant avec une rêne, des descentes de main qui ne sont permises qu'aux hommes de l'art et qui ne vont point à une troupe.

On a remarqué le plus grand ordre dans le manège, le plus grand silence et la plus grande volonté. Rien ne se fait que par commandement. Les officiers montrent l'exemple des premiers. Il y a des capitaines, des chevaliers de Saint-Louis qui, tous, reçoivent des leçons par des jeunes gens qui ne sont que sous-lieutenants. En général, on y donne mal la leçon et je n'ai point vu un officier la donner passablement.

A sept heures du soir, deux cents carabiniers, les officiers à la tête, ont fait le maniement des armes et les évolutions. Cette troupe est la plus belle qu'on puisse imaginer, la mieux tenue et très bien exercée, faisant bien le maniement des armes, marchant bien, tirant bien, et le silence le plus exact. C'est un modèle pour l'infanterie.

Le corps des officiers est de la plus grande distinction. Il est aussi surprenant par son choix que celui des carabiniers. Les officiers qui ont commandé, l'ont fait avec la plus grande capacité et la plus grande intelligence. On ne peut pas dire que toutes ces manœuvres à pied soient inutiles à ce corps comme on le dit des régiments de cavalerie, parce que cette troupe est faite pour combattre à pied et à cheval. On connaît le zèle de M. le marquis de Poyanne qui se trouve à tous ces exercices.

Depuis 9ʰ 1/2 jusqu'à 10ʰ 1/2, tous les officiers font le maniement des armes et les évolutions.

Tout ceci se fait les lundis et les mercredis.

Le samedi comme le jeudi, j'ai examiné de plus près et avec plus de connaissance, parce que les premières fois on est surpris par l'ordre et l'arrangement. A cinq heures du matin jusqu'à sept heures, on a monté les poulains. On les fait trotter en bridon, trois reprises. Cela est fort bien exécuté.

A sept heures, dix-huit officiers qui forment la seconde classe, viennent monter à cheval. Cette classe est faite sur les mêmes principes que les autres, elle y fait les mêmes choses. A neuf heures, la première classe, qui est composée d'officiers les plus forts et des bas officiers vient monter jusqu'à une heure. Ils y travaillent des chevaux qui sont dressés. Les officiers montent deux chevaux, une reprise au trot et une au galop sur chaque cheval. On a remarqué, à cette classe, les mêmes fautes qu'aux précédentes. On n'y tourne point les chevaux des rênes. Tous les officiers les repoussent dans les coins pour redresser leurs chevaux. On ne porte point assez les épaules dans les changements de main. Il n'y a point du tout de finesse, les chevaux ne vont point sans bride. Ils sont portés par les cavaliers qui les montent, et chassés avec les éperons. On convient qu'il ne faut pas que des chevaux qu'on destine à mettre dans l'escadron, soient très fins, mais au moins il ne faut pas que les chevaux soient durs à ne pouvoir aller que sous des hommes d'une force extraordinaire.

J'ai monté à cette classe quatre chevaux mis par M. de Livron. J'ai trouvé que ces chevaux sont trop pliés, qu'ils ne peuvent se redresser par les rênes de dehors, qu'ils ne sont pas assez chassés et galopent en deux temps.

Ces remarques ne sont que par rapport à M. de Livron, qui tombe dans le défaut des manèges allemands. Il a peu de finesse, mais il n'en a pas besoin. Sa besogne est purement et simplement militaire. Ses hommes sont bien placés à cheval; ils sont solides et fermes. Ceci est plus nécessaire que tout le clinquant de nos manèges, qui servent à peu de chose et ne forment pas de sujets en cette partie.

Le soir, à six heures, tous les officiers et carabiniers ont fait l'exercice de commandement. Cet exercice se fait quatre par quatre. On fait sortir un officier ou carabinier qui commande l'exercice. Après l'avoir commandé, il rentre dans le rang. Un autre en sort, commande à son tour, ainsi des quatre. Après cela, ils marchent toujours par quatre.

Le vendredi est le jour des escadronnements. A sept heures, les première et seconde classes se portent sur un grand terrain hors la ville. Là, on y fait manœuvrer quarante-huit officiers qui composent la première classe. Ils marchent deux au pas, au trot et au galop et font à ces allures des demi-tours à gauche; ensuite ils exécutent par quatre les mêmes manœuvres et par huit les mêmes choses. Ils se reposent et la seconde classe exécute, à peu près, les mêmes manœuvres que la première; elle se repose.

La première classe est ensuite divisée en deux troupes. Quoique éloignées l'une de l'autre de trois cents pas ou environ, ils ouvrent leurs files, mettent le sabre à la main, se chargent et passent dans les intervalles et vont prendre la place les uns des autres. Ensuite ils mettent le pistolet à la main et font la même manœuvre répétée plusieurs fois. On fait faire la même chose à la seconde classe et on les fait rentrer. L'après-midi ils font l'exercice à cheval, officiers et carabiniers.

On ne peut donner trop d'éloges à cette école. Il serait à désirer que celles que le roi veut former pour sa cavalerie fussent établies sur le même modèle, et surtout sur les mêmes principes.

Ils ont un exercice qu'ils appellent la petite guerre, qu'ils exécutent sur le même terrain où ils escadronnent. Ils détachent des carabiniers de chaque troupe, qu'on a dit être éloignées de trois ou quatre cents pas. Ces carabiniers tirent chacun leur coup de pistolet, mettent le sabre à la main, se chargent, font tout leur possible pour se démonter, se prendre prisonniers de guerre. On les fait successivement soutenir, d'abord par un carabinier, deux, trois, quatre, cinq, etc... Cette manœuvre est bonne. Elle leur apprend à manier avec aisance leurs chevaux. Il faut prendre garde qu'ils n'y mettent de l'animation, pour éviter les accidents, qui ne sont toujours que trop fréquents.

Ici s'arrête le manuscrit de la bibliothèque du Ministère de la guerre, que l'on a été heureux de pouvoir consulter pour faire connaître un enseignement auquel les hommes de cheval de notre époque ont fait de larges empreintes pour rendre à l'équitation militaire la place importante qu'elle doit occuper dans l'art équestre.

XI

Ces observations ne font pas partie du volume des pièces manuscrites que l'on a consulté à la bibliothèque du Ministère de la guerre.

Elles se trouvent dans un carton des Archives historiques et portent la date de février 1769. Elles préconisent la simplicité dans les méthodes d'enseignement de l'équitation, ainsi que dans le dressage du cheval et les mouvements usités aux manœuvres.

Le citoyen, dans ses travaux, doit se proposer l'utilité qu'en peuvent recueillir ses compatriotes ; c'est pourquoi il est essentiel qu'il leur démontre le but qu'il se propose, quand il fait tant de les instruire sur les objets qui les intéresse.

Les principes sur l'art militaire, devenus malheureusement trop nécessaires parmi les hommes, sont assujettis aux mêmes conditions. Le but auquel tous les détails de cet art doit arriver, conduira nécessairement à celui de l'art en entier. Il paraît donc indispensable de déterminer ceux où chaque partie doit atteindre.

La cavalerie, cette arme si redoutable, est la partie de l'art militaire dont on se propose de déterminer les effets, afin de pouvoir entrer dans les détails qui peuvent nous y conduire, de n'en omettre aucun et ne pas entrer dans ceux qui ne contribuent en rien au service pour lequel elle est destinée.

En parcourant l'histoire militaire de ce corps, en réunissant tous les avis des officiers supérieurs, tant par leur connaissances que par leurs grades, il nous paraît démontré que la cavalerie française est faite pour combattre en masse.

Il est aisé d'en donner la raison :

1° Le cheval fait le cavalier.

L'espèce que le royaume produit est inférieure à celle des contrées du Nord et n'est pas susceptible de cette légèreté et de cette vigueur, qui nous font regarder ces derniers comme les premiers chevaux du monde ;

2° Le peu d'habitude qu'en ont nos cavaliers fait qu'ils ont cette maladresse à cheval que n'ont point les hommes des nations qui élèvent beaucoup de chevaux.

Ces deux raisons me paraissent suffisantes pour prétendre que notre cavalerie ne peut combattre qu'en masse.

Ce principe reconnu, l'effet qu'on doit s'en proposer est le choc ; plus il sera considérable, plus il fera d'effet. Il faut donc chercher les moyens d'en acquérir le plus.

Le choc d'un corps est en raison de sa masse et de sa vitesse, d'où il résulte que plus le cheval aura de taille, plus on pourra lui procurer de vitesse, plus on obtiendra de choc.

Sur ce principe, il ne faut pas imaginer de prendre les plus grands chevaux pour la cavalerie, oui bien si on pouvait obtenir d'eux une grande vitesse. Mais un autre principe en mécanique est qu'en augmentant le volume d'une machine, il lui faut plus de temps pour opérer ses effets. Il suit de là qu'en augmentant la taille et le volume d'un cheval, il doit employer un temps plus considérable dans le transport de sa machine en avant que s'il avait une taille et un volume moins considérables. Il ne serait pas inutile de déterminer la taille et le volume du cheval qui doivent procurer le plus de vitesse et, par conséquent, le plus grand choc.

Pour obtenir la plus grande vitesse d'un cheval, il faut faire connaître au cavalier tous les moyens à employer pour en accélérer les mouvements et ceux qui peuvent s'y opposer ; c'est la partie de l'équitation.

L'objet que doit se proposer un cavalier en montant à cheval est de parcourir des lignes droites, des lignes obliques, des lignes circulaires. L'escadron, qui est un tout composé de plusieurs cavaliers, n'a pas non plus d'autre objet. Il faut donc instruire l'homme et le cheval conformément à ces trois points.

Pour y amener l'homme et le cheval, on renvoie aux mémoires qui traitent des principes de l'équitation et de l'éducation du cheval.

Il est de toute inutilité de former des chevaux de cavalerie à galoper au manège. l'espace est toujours trop étroit pour ne pas prendre sur leurs forces. On bannira, de même, toute espèce d'airs de manège, tels que le piaffer, le changement de main sur deux pistes, les hanches en dehors, les tours de volte, etc. On ne se servira de la tête au mur que pour indiquer au cavalier les moyens de se serrer à droite et à gauche dans les manœuvres. En général, on rejettera tout ce qui assouplit trop le cheval, tous les effets de main qui peuvent le mettre sur les hanches. Il doit être soutenu et relevé par les effets des hanches. D'ailleurs, on doit être persuadé de la vérité de ce principe que tout ce qui polit use. L'assouplissement est une espèce de poli dans les marches, qui leur fait changer une partie de leur direction et les empêchent de concourir à un effet principal.

L'instruction du cavalier dans le manège se réduira donc à lui donner la position qu'il doit avoir et à l'y affermir, à lui faire connaître les effets de ses mains et de ses jambes, tout cela en le faisant aller au pas et au trot. Quand il sera affermi dans sa position, maître de ses opérations de main, qu'il connaîtra les aides qu'il doit employer, on le sortira du manège pour l'exercer, par petites troupes, au galop et, de là, le mettre en état de passer à la classe d'escadron.

Quant à l'instruction du cheval, elle suivra les mêmes degrés, c'est-à-dire que le cheval neuf, monté par un cavalier instruit, sera trotté et mis au pas dans le manège, afin de pouvoir obtenir toute la liberté de ses membres à ces deux allures, l'accoutumer à parcourir les lignes qu'il doit parcourir dans l'escadron et lui donner la connaissance des effets du mors.

Du trot délié et pressé dérive nécessairement le galop; aussi, le cheval, arrivé à ce point, sera exercé hors du manège dans un terrain assez spacieux, pour le faire galoper et ne pas mettre le cavalier dans le cas de ralentir son galop.

L'usage du galop fait que le cheval le raccourcit naturellement pour conserver son haleine et pour ménager ses forces. C'est pourquoi la main n'a pas besoin d'opérer ce que l'animal cherche à faire de lui-même pour sa conservation.

D'ailleurs, au galop, le cheval a besoin de toute sa respiration et de l'inspiration dont la nature l'a pourvu. Les effets de main tendent à élever la tête. Ce mouvement d'élévation la fait renverser, ce renversement comprime le larynx, ce qui empêche l'air de passer avec autant de volume qu'il y passerait s'il n'était gêné par ce rétrécissement.

Les effets de la main doivent être réservés pour les arrêts, les demi-arrêts, qui ne sont que trop fréquents, mais indispensables dans les manœuvres.

Le choc étant le seul effet qu'on se propose d'obtenir de la cavalerie, ce principe reçu, il serait aisé de simplifier les manœuvres et de réduire aux seules formations, avec changements de front, aux différents passages de défilés et aux mouvements de retraite.

En abrégeant ainsi l'instruction du cavalier, du cheval et les manœuvres, il s'ensuivrait deux avantages considérables. Le premier, une amélioration de l'homme et du cheval. Je dis amélioration, parce qu'il est démontré que l'exercice aisé et modéré fortifie l'un et l'autre et les forme à la fatigue. Deuxièmement, en simplifiant les manœuvres, on pourrait les répéter plus souvent et acquérir, par cette répétition, un plus grand degré de perfection.

L'arrêt est une des choses les plus importantes à déterminer et à faire connaître au cavalier. Il doit exister dans une traction traînée des rênes jusqu'à la cessation ou ralentissement du mouvement du corps sur lequel il opère.

Aussi, une troupe au galop doit arrêter ou ralentir d'après ce principe. Le moyen pour que la traction des rênes opère une cessation ou ralentissement du mouvement est de l'exécuter, sans communiquer la moindre force aux autres parties du corps, telle que la partie immobile qui forme l'assiette du cavalier, sans la moindre tension des jambes sur les étriers et sans le plus petit mouvement du corps.

Il est certain que si la traction des rênes s'opère sans causer aucun de ces inconvénients, elle opérera l'arrêt ou le ralentissement le plus prompt qu'il sera possible. Mais, si les parties dont nous venons de parler communiquent des aides, on fera perdre l'aplomb au cheval au moment de l'opération de la main. L'arrêt ne produira pas un effet aussi prompt qu'il l'aurait produit sans ces inconvénients.

Ces principes ne corroborent-ils pas cette pensée de M. de Guibert : « Il faut que le cavalier soit un homme robuste placé solidement sur son cheval, avec la facilité la plus grande de le diriger et gouverner à son gré et *que cet homme n'imagine rien d'impossible pour son cheval et pour lui* » ?

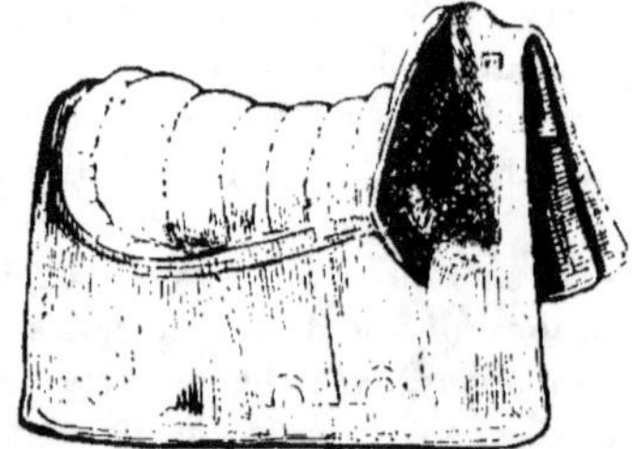

TABLE DES MATIÈRES

Nancy, imprimerie Berger-Levrault et Cie.

www.ingramcontent.com/pod-product-compliance
Lightning Source LLC
LaVergne TN
LVHW021455170726
843501LV00005B/1668